文创产品
设计与开发研究

张 健◎著

中国戏剧出版社
CHINA THEATRE PRESS

图书在版编目（CIP）数据

文创产品设计与开发研究 / 张健著. -- 北京 : 中国戏剧出版社, 2024. 11. -- ISBN 978-7-104-05602-7

Ⅰ. G124

中国国家版本馆 CIP 数据核字第 2024CB9435 号

文创产品设计与开发研究

责任编辑：肖　楠
项目统筹：康祎宁
责任印制：冯志强

出版发行：	中国戏剧出版社
出 版 人：	樊国宾
社　　址：	北京市西城区天宁寺前街 2 号国家音乐产业基地 L 座
邮　　编：	100055
网　　址：	www.theatrebook.cn
电　　话：	010-63385980（总编室）　　010-63381560（发行部）
传　　真：	010-63381560

读者服务：010-63381560
邮购地址：北京市西城区天宁寺前街 2 号国家音乐产业基地 L 座

印　　刷：	廊坊市印艺阁数字科技有限公司
开　　本：	787mm×1092mm　1/16
印　　张：	11.75
字　　数：	210 千字
版　　次：	2024 年 11 月　北京第 1 版第 1 次印刷
书　　号：	ISBN 978-7-104-05602-7
定　　价：	72.00 元

版权专有，违者必究；如有质量问题，请与出版社联系调换。

前　言

　　文创，即文化创意产业的简称，是指以文化和创意为核心，运用设计、艺术、传媒等多重元素，创造出具有文化内涵和独特创意的产品、服务和体验。目前，发达国家与部分发展中国家已经进入后工业化时代，民众生活普遍进入丰裕社会。我们对于"物"的诉求重点，已由功能需求向情感体验过渡。传统"手工艺化"的文艺成果产出方式，于当下已有些捉襟见肘。因此，"文化艺术成果产出机制"势必面临着工业化改造。"文化产业""创意产业""文化创意产业"等概念在此背景下应运而生。

　　文创产品设计以文化为核心，注重从文化中汲取灵感和创意。这些文化元素可以是传统的文化符号、故事、传说等，也可以是当代的文化趋势、流行元素等。通过将文化元素融入设计中，创作出的产品能够传递独特的文化内涵和情感价值。文化创意产品的载体为物质产品，是包含文化元素的情感消费产品，其往往囊括了充足的传统民族文化元素，对民族传统文化的有效传播与传承起着重要作用。同时，文化创意是以文化为元素融合多元文化、整理相关学科、利用不同载体而构建的再造与创新的文化现象。现代社会的飞速发展使得文化创意行业内部竞争越发激烈，这就要求设计开发人员能够紧密契合当前时代发展进程，将产品作为载体，将文化作为元素，构建更为多元化的文化创意产品设计和开发体系。

　　创意和灵感是产品设计开发过程中的驱动力。拥有丰富的创意和灵感资源，可以帮助设计师产生新颖、独特和有吸引力的概念。这些资源可能来自各种渠道，如市场调研、用户反馈、趋势分析、竞争分析等，为设计师提供丰富的创作灵感。

　　传统文化元素是文化创意产品的灵魂。传统文化元素是一个民族在长时间的历史和文化传承中形成的独特文化符号和标识，它代表着该民族的价值观念、思维方式、审美追求等。将传统文化元素融入文化创意产品的设计中，能够表现出自己的独特性和精神内涵，也能够向消费者传递文化信息和价值体系。从消费者的需求角度来看，运用传统文化元素是消费者对文化传承和情感认同的需求。当文化创意产品运用传统文化元素来表达其设计思想和产品内涵时，会引起消费者的情感共鸣，激发消费者自身的情感认同和文化认同。同时，在文化创意产品的设计和研发中，加入传统文化元素不仅能够提升产品的文化内涵和审美价值，也更容易获得市场的认可，赢得消费者的喜爱和信任。

在撰写本书的过程中，作者参考了大量的学术文献，得到了许多专家学者的帮助，在此表示真诚感谢。由于作者水平有限，书中难免有疏漏之处，希望广大同行及时指正。

张 健

2024 年 2 月

目 录

前　言 ………………………………………………………………… 1

第一章　文创产品设计概述 ………………………………………… 1
　　第一节　文创的定义及功能 …………………………………… 2
　　第二节　文创产品设计简介 …………………………………… 5
　　第三节　基于不同角度的文创产品设计分类 …………………11
　　第四节　国内外文化创意产业的发展 …………………………16

第二章　文创产品设计的内容 ………………………………………38
　　第一节　文化创意产品设计的构成 ……………………………39
　　第二节　文化创意产品设计的创意表现 ………………………58
　　第三节　文化创意产品的设计方法与原则 ……………………63
　　第四节　文化创意产品设计的基本流程 ………………………71

第三章　文创产品设计开发资源分析 ………………………………75
　　第一节　文化资源 ………………………………………………76
　　第二节　主体资源 ………………………………………………79

第四章　文创产品设计开发中传统文化资源的应用 ………………85
　　第一节　文创产品设计开发的文化驱动力 ……………………86

第二节 文创产品设计开发中传统文化资源的
　　　　创意转化 ································· 94
第三节 文创产品设计中传统文化资源应用研究与
　　　　实例 ····································· 123

第五章 不同语境下的现代文创产品设计与开发 ············ 132
第一节 基于体验经济语境的现代文化创意产品
　　　　设计与开发 ······························ 133
第二节 基于情境整合语境的现代文化创意产品
　　　　设计与开发 ······························ 153
第三节 基于生活美学语境的现代文化创意产品
　　　　设计与开发 ······························ 167

参考文献 ··· 178

第一章　文创产品设计概述

　　本章主要介绍了文创产品设计,包含文创的定义及功能、文创产品设计简介、基于不同角度的文创产品设计分类、国内外文化创意产业的发展四个方面。

第一节 文创的定义及功能

一、文创的定义

文创，即文化创意，是以文化为元素，融合多元文化、整理相关学科、利用不同载体而构建的再造与创新的文化现象。文化创意产业是一种在经济全球化背景下产生的，以创造力为核心的新兴产业，是依靠创意人的智慧、技能和天赋，借助高科技对文化资源进行创造与提升，通过知识产权的开发和运用，生产出高附加值产品，能创造财富且具有就业潜力的产业。

文化、设计、创意三者不可分离。文化是生活的精华，生活中蕴含着创意，设计体现生活，离不开创意和文化。因此，我们可以把文化创意产业界定为以创意为核心，以文化为灵魂，以科技为支撑，以知识产权的开发和运用为主体的知识密集型、智慧主导型战略产业。

二、文创的功能

文化作为创意产业的土壤，扮演着至关重要的角色。创意产业的繁荣发展离不开文化的支持和滋养，个人思想与社会文化环境的交融往往能激发出独特的创意火花，且具有特定文化内涵的创意更容易被目标人群认可和接受，从而为社会创造出真正的价值。创意产业的发展不仅仅是经济层面的增长，还是文化的传承和创新，其为社会带来了丰富多彩的文化生活，也推动了整个社会的进步和发展。

创意产业不仅关注文化的经济潜力，更突出文化创意内容与各产业的融合与渗透，以促进跨界合作与创新发展。"竞争战略之父"迈克尔·波特认为："基于文化的优势是最根本的、最难以替代和模仿的、最持久的和最核心的竞争优势。"[①]

（一）文化传播

文化创意不仅能够生动、形象地传递文化信息，还能够深入挖掘文化的内涵与价值，通过创新的手段与形式，使文化在传承中焕发新的生机与活力。

在现代社会，文化创意产业以其独特的魅力和强大的传播力，成为文化传播的重要载体。无论是影视作品的热播，还是音乐、舞蹈等艺术形式的广泛传播，

---

① 迈克尔·波特：《竞争战略》，陈丽芳译，华夏出版社2015年版，第82页。

都体现了文化创意在文化传播中的重要作用。这些作品通过富有创意的表现手法，将文化的精髓和内涵传递给观众，使人们在欣赏的同时，也能够深刻感受到文化的魅力。

同时，文化创意还通过设计、广告等产业形式，将文化的元素融入人们的日常生活中。无论是服饰、家居用品的设计，还是广告宣传中的文化元素运用，都体现了文化创意在文化传播中的独特价值。这些创意产品不仅具有实用性，更能够传递文化的精神内涵，使人们在日常生活中也能够感受到文化的熏陶和滋养。

此外，文化创意还通过数字媒体等新兴技术，打破了传统文化传播的时空限制，使文化能够在更广泛的范围内进行传播。通过网络、移动设备等渠道，人们可以随时随地接触到各种文化创意产品，了解不同地域、不同民族的文化特色，从而增进对不同文化的理解和尊重。

（二）艺术审美

文化创意的艺术审美功能，不仅在于其独特的艺术表达，更在于其对社会文化的深度影响和塑造。其审美价值，如同璀璨的星辰，照亮人们的心灵深处，引发人们对美的无尽追求。

首先，文化创意通过其创新的艺术形式，丰富了人们的审美体验。无论是电影、音乐、绘画，还是设计、建筑、舞蹈，文化创意都以其独特的方式，展现着人类对生活的理解和感悟。它突破了传统的艺术界限，融合了多种元素和风格，创造出前所未有的艺术形式，使人们在欣赏中感受到前所未有的震撼和感动。

其次，文化创意通过其深刻的主题内涵，引导人们思考生活的真谛。优秀的文化创意作品，往往蕴含着作者对生活的独到见解和感悟，通过对社会现象、人生哲理的深入挖掘和呈现，引发观众对生活的深入思考和反思。这种思考，不仅有助于提升人们的审美素养，更有助于推动社会的进步和发展。

最后，文化创意通过其广泛的社会传播，塑造着社会文化的新风貌。在信息时代，文化创意作品以其独特的魅力，吸引着越来越多的人的关注和喜爱。这些作品在传播中，不仅传递着美的力量，更传递着文化的价值。它们影响着人们的思维方式、生活方式，甚至价值观，从而推动社会文化的不断发展和创新。

（三）信息传达

文化创意它不仅是一个国家、一个民族文化的展现，更是经济发展和社会进步的重要推动力量。在全球化的大背景下，各国文化相互交融、碰撞，文化创意成为连接不同文明、促进文化交流的重要桥梁。通过文化创意的信息传达，我们可以跨越语言和地域的障碍，了解其他国家的文化精髓，增进彼此之间的理解与尊重。

同时，文化创意的信息传达功能也促进了文化产业的繁荣发展。随着人们生活水平的提高，对于精神文化生活的需求也日益增长。文化创意产品以其独特的创意和内涵，满足了人们对于美的追求和对于精神世界的探索。通过信息传达，文化创意产品得以在市场上广泛传播，带动文化产业的发展，为经济增长注入新的动力。

此外，文化创意的信息传达功能还体现在提升国家文化软实力方面。一个国家的文化软实力是其综合国力的重要组成部分，而文化创意正是提升文化软实力的关键所在。通过文化创意的信息传达，我们可以向世界展示国家的文化底蕴和创新能力，增强国家的国际影响力和竞争力。

（四）商业宣传

在当下的商业环境中，文化创意不仅仅是一种艺术表达，更是商业宣传的重要工具和手段。通过巧妙地将文化创意融入商业活动中，企业能够有效地吸引目标受众的注意力，提升品牌形象，进而实现商业价值的最大化。文化创意能够赋予品牌独特的个性和魅力，使其在消费者心中留下深刻的印象。通过文化创意的呈现，品牌不仅能够传递出自身的价值观，还能够与消费者建立情感联系，从而增强品牌的认知度和忠诚度。

（五）交互体验

文化创意不仅仅是单纯的艺术展示或文化传播，更是通过多样化的互动形式，将观众带入一个全新的感官世界，让人们在欣赏中感受、在体验中思考。

随着科技的不断发展，交互体验的形式也在不断创新。从传统的触摸互动、声音响应，到现代的虚拟现实、增强现实等技术的运用，文化创意的交互体验功能为观众带来了前所未有的沉浸感。这种沉浸感不仅让人们更加深入地理解作品的内涵，也激发了人们的创造力和想象力。

此外，文化创意的交互体验功能还具有很强的社交属性。在互动的过程中，观众可以与他人分享自己的感受，交流对作品的理解，从而形成一个共享的文化空间。这种社交属性不仅增强了观众与作品之间的情感联系，也促进了不同文化之间的交流与融合。

第二节 文创产品设计简介

一、文创产品的基本概念

（一）文化

文化源自拉丁文"cultura"，最初指通过垦荒种植或耕种土地的行为，后来泛指同一社会成员共享的经验和态度。文化涵盖了人类精神和物质的智慧，以及有关社会和群体心理与情感的特征。除了美术和文学，文化还包括生活形态、共同的价值系统、传统和信仰。在学者赵毅衡的观点中，文化被定义为社会中所有与社会生活相关的符号活动的总集合。他认为文化是一种综合性的概念，涵盖了人们的信念、价值观、道德观、行为规范及表达符号。通过文化，人们传承和表达自己的认同和归属感，同时塑造社会的发展和演变。因此，文化不仅是一种独特的社会现象，也反映了人类的智慧和情感世界。

文化大致可以被划分为三个层次：形而上的文化层次（人的思考、活动与语言）、形而中的文化层次（人群的相处与交流互动的制度系统）、形而下的文化层次（人群在社会生活中所采用的器物与具体形式），三者相互指引辩证。

（二）文创产品

文创产品，也称为文化创意产品，是一种通过创意转化文化主题或资源而产生的具有市场价值的产品。文创产品依托创意人的智慧、技能和天赋，借助现代科技手段，对文化资源进行创造和提升，通过知识产权的开发和运用，产生高附加值的产品。文创产品包含传统文化、潮流文化、企业品牌文化、审美文化、信仰文化等多种文化元素。文创产品的核心在于将文化与商品结合，其中文化属性作为附加值，为商品增添独特魅力和价值。文创产品可以是艺术品，也可以是日常用品，如办公用品、家居日用品、科技日用品等，它们通过创意设计，使普通的产品变得独特和具有收藏价值。

二、文创产品设计的概念与内涵

（一）文创产品设计的概念

文创产品设计是指以文化为灵感、创意为驱动、设计为手段、产品为载体来传递文化价值和创意理念的一种设计活动。文创产品设计的目的是通过对文化元素的提炼、转化、融合和创新，打造具有文化内涵和创意特色的产品，满足人们的审美需求和精神追求。

文创产品设计的概念包含了四个方面：文化、创意、设计和产品。文化是文创产品设计的源泉和基础，它提供了丰富的素材和灵感，赋予了产品独特的文化意义和情感。创意是文创产品设计的核心和动力，它体现了设计者的思维方式和表达能力，突出了产品的新颖性和差异性。设计是文创产品设计的过程和方法，它涉及对文化元素的分析、选择、组合、变形和应用，展现了产品的功能性和美观性。产品是文创产品设计的结果和载体，它承载了文化信息和创意理念，传达了产品的品质和价值。

（二）文创产品设计的内涵

文创产品设计的内涵主要有以下三点。

①文创产品设计是一种跨学科、跨领域、跨媒介的综合性设计活动，它不仅涉及艺术、工程、管理等多个学科的知识和技能，还需要与历史、地理、民俗、社会等多个领域的文化资源进行对接，同时利用视觉、听觉、触觉等多种媒介来表达和传播。

②文创产品设计是一种以人为本、以情感为导向的人性化设计活动，它关注人们的需求和喜好，注重人们与产品之间的情感交流和体验，追求人们在使用产品时能够获得愉悦、满足和幸福。

③文创产品设计是一种具有社会责任和文化传播使命的价值型设计活动，它既要考虑市场竞争和经济效益，也要关注社会影响和文化贡献，既要尊重传统文化和民族特色，也要反映时代精神和国际视野。

三、文创产品的特点

（一）具有创新性

创新是文创产品不可或缺的核心要素，它直接影响着产品的发展空间和市场潜力。文创产品的不断发展需要持续的创新动力，这种创新力量源自对新时代、新态势及新发展模式的把握和应用。文创产品的创新不仅仅是在产品形态上的变化，还应该贯穿于整个产业链，从创意构思到产品营销都应该体现创新精神。没有创新的文化创意产品，即使在外观上看起来新颖，也难以在激烈的市场竞争中立足。创新不仅能够为产品赋予独特的卖点，更能够为产品注入生命力和持续的竞争力。因此，文创产品需要不断强调创新精神，不断挖掘新的创意和市场需求，才能在激烈的市场竞争中脱颖而出，实现长久的发展。

（二）价值增益明显

文创产品的知识产权是其价值的重要组成部分，因此文创产品具有高附加值。文创产品的价值由其自身的价值和附加价值构成。这些知识产权包括创意、设计、版权等，它们赋予文创产品独特性和独占性，从而提升了其市场价值。此外，文创产品的生产部门和产业位于价值链的上游，也使其具有高附加值。文创产品的生产过程需要创意、设计、技术等流程，其生产成本相对较高。以《喜羊羊与灰太狼》为例，这部动画片成功地将中国动漫产业推向了一个新的高度。该动画片的形象设计独特，深受观众喜爱，从电影和电视行业的成功开始，迅速拓展到服装业、娱乐业等领域。相关的人物形象玩具、剧情书籍、智能游戏等衍生产品也随之出现，形成了一个完整的产业链。

（三）具有传播性

文化创意产品是具有流通性的，在流通的过程可以把文化及其精神内涵传播出去，文化创意产品变成了文化呈现和流通的载体，使文化和精神可以得到有效传播。

（四）具有带动性

优秀的文化创意产品会产生非常高的关注度，通过以点带面，会给区域带来一定的关注度。这些关注度往往会产生积极的影响，带动地区相关制造业、文化产业等共同发展，从而带动地区经济，提升社会影响力，体现出良好的带动性。

文化创意产品所引发的关注度，如同繁星般照亮了区域的发展之路。这些产品以其独特的创意和深刻的文化内涵，不仅吸引了广大消费者的目光，更引发了社会各界对区域的关注和好奇。这种关注如同春风化雨，滋润着地区的发展土壤，为区域带来了前所未有的机遇和挑战。

在关注度的推动下，地区的制造业得以蓬勃发展。文化创意产品的独特设计和高品质要求，促使制造业不断提升技术水平和创新能力，以满足市场需求。同时，制造业的发展也为文化创意产品提供了更加丰富的物质载体，二者相互促进，共同推动着地区经济的繁荣。

（五）具有传承性

文化创意产品具有一个非常重要的属性就是传承性，它是文化传承的具象表现，也是文化活态传承的具体表现，能够为物质和非物质文化遗产的传承带来新的思路和新的路径。

文化创意产品，作为文化传承的具象展现，以其独特的魅力和深度，为物质与非物质文化遗产的传承注入了新的活力。它们不仅是对传统元素的现代诠释，更是对文化精髓的传承和弘扬。

在物质文化遗产方面，文化创意产品将古老的手工艺、传统建筑和民间艺术品等以全新的形式呈现在世人面前。这些产品不仅保留了原有的工艺特色和美学价值，还通过创新设计，赋予了其现代审美和实用价值。这种传承与创新相结合的方式，既保护了传统工艺的延续，又推动了文化产业的发展。

在非物质文化遗产方面，文化创意产品更是发挥了不可替代的作用。它们通过挖掘和整理民间故事、传统音乐、舞蹈等非物质文化遗产资源，将其转化为具有市场潜力的文化产品。这些产品既保留了非物质文化遗产的原汁原味，又通过现代传播手段，让更多人了解和欣赏到这些传统文化的魅力。

三、文创产品的价值

价值是客体满足主体需求的范畴，文创产品作为市场流通交换的主体，其价值也在生产交换这一流通程序中得以实现，消费者通过支付一定的价格来购买文创产品的效用，从而满足自己的需求。以下将分析文创产品的价值构成以及文创产品价值的特殊性。

从产品的生产与市场交换的角度来看，文创产品与一般产品都具有通过交换获取利润的经济价值。同时，文创产品还具有一般产品不具备的文化价值。

（一）文创产品的经济价值

经济价值是文创企业进行产品开发与生产的首要目的，通过文创产品的售卖，无形资本被转换为有形的货币价值，带来直接或间接的经济增长和就业增长，这些经济效益的总和就是文创产品的经济价值。经济价值包括直接经济价值和间接经济价值。文创产品的经济价值即文创产品进入市场，通过交换带来的直接或间接经济效益。文创产品的直接经济价值主要是指经营文创产品的收入，包括书籍等文创产品的销售、演出等文化服务的提供以及通过文化信息传播、文化中介服务、版权交易等日常经营业务过程中所形成的经济利益的总流入。如电影票房、旅游景点门票、有线电视收视费等。文创产品的间接经济价值是指文创产品的生产销售活动间接为社会创造的经济价值，包括对行业发展的贡献、对国家税收的贡献、对社会就业的贡献和因为创新而带来的技术溢出效应等。如，成功的旅游产品不仅能够为企业带来可观的经济效益，同时也提升了旅游目的地的知名度，带动了当地的运输业、餐饮业、住宿业的发展，促进了就业。文创产品中的新创意、新技术，不仅节约了生产成本，也减少了对社会资源的消耗。互联网的普及，"互联网+"的模式等技术与管理模式的创新就体现了创新对于整个社会的贡献。

（二）文创产品的文化价值

文创产品和服务所具有的、能够满足一定文化需要的特殊性质就是文化价值。文化价值包含两个方面的规定性：能够满足一定文化需要的文创产品和服务、具有某种文化需要的消费者。当一定的主体发现了能够满足自己文化需要的对象，并通过某种方式占有这种对象以满足自己的文化需要时，就形成了文化价值关系。

（三）文创产品经济价值和文化价值的关系

文创产品的经济价值与文化价值既有一致性，又有差异性。

1. 经济价值和文化价值的联系

经济价值可以用社会必要劳动时间来衡量，文化价值是一种观念价值，主要取决于消费者的主观判断，通常难以度量。文创产品的文化价值对经济价值的影响主要通过消费者的支付意愿来实现。通常对于文创产品的文化价值可以用支付意愿来衡量，支付意愿也称价格意愿，是指消费者接受一定数量的消费物品或劳务所愿意支付的金额，是消费者对特定物品或劳务的个人估价，带有强烈的主观评价成分。消费者对于文创产品文化价值的评价可能影响其对文创产品的偏好，进而影响个人的需求。在这种情况下，文化价值成为经济价值的内容，愿意支付的价格（即支付意愿）既可被视为对文创产品经济价值的衡量，也可被视为对文化价值的衡量。但是，这种影响是有限的，文化价值和经济价值之间有一定程度的关联者可以正相关，但也有例外。这是由文化价值多元的内在结构决定的。文化价值的某些成分无法转化成为经济价值，或者文化价值的组成成分间可能内在不一致，一种文化价值较高可能以另一种文化价值较低为代价，如古典音乐、文化遗址、流行音乐、肥皂剧等文创产品的文化价值构成成分就有很大的差异，这种差异有可能反映在经济价值上。支付意愿是联系文创产品文化价值与经济价值的中介，对于文创企业具有重要意义，文创企业的技术，创新与产品开发活动应当以消费者的价值取向为导向，提升消费者对于文创产品的认同，进而提升文创产品的经济价值。

2. 文化价值与经济价值的区别

（1）载体不同。经济价值存在于所有商品和服务中，但文化价值只存在于文创产品和服务中。（2）经济价值可由市场价格体现，但价格并不能完全体现文化价值。（3）尽管文化价值和经济价值同时蕴含于一件文创产品中，但二者并不同步。文创产品有较高的文化价值不一定有较高的经济价值，反之亦然。（4）经济价值反映个人对商品的评价和偏好，由于文化的群体性，文化价值往往反映群体的评价。当个人评价基本上反映了群体评价时，文化价值与经济价值趋于一致。

四、文化创意产品的价值构成

文化创意产品的价值构成系统与一般商品有着很大的差异，文化创意产品的价值并不仅仅由社会必要劳动时间、个别劳动时间或由购买者的需求和支付能力、价值效用等显性要素来决定的，而是由隐性价值和显性价值共同决定的。

文化创意产品的显性价值与一般商品并无二致，其独特性在于体现"文化"的隐性价值，是文化创意产品价值中的核心部分。"文化"来源于特色的民族历史资源、人文底蕴和文化内容产业等，在文化创意产品的生产过程中，"文化"可以间接影响新产品的附加价值，所以，文化创意产品的隐性价值也是企业的核心竞争力。传统产业从改变商品的功能来为消费者提供更高的使用价值，从而获得高利润。但是，文化创意产品是在满足消费者功能价值的基础上改变消费者的观念而获得利润。这些观念主要表现为信息价值、文化价值、体验价值等。

比如，可口可乐用重金买下了哈利·波特的形象使用权，对于可口可乐的产品而言，这就被赋予了一层新的信息价值，消费者会认为魔法界的人们也要饮用可口可乐，或者说哈利·波特也要喝可口可乐，文化创意产品的信息价值也因此形成。同时，文化创意产品的价值也在其整个产业链中得以实现。

J.K.罗琳创作的小说《哈利·波特》，被翻拍成电影，就完成了内容类文化创意产品的创造，同时也完成了关于"魔法文化"的内容创造。依据这一创意源，并将其注入传统产业中，创造了基于"魔法文化"方面的玩具、糖果、服饰等创意类文创产品，进而可以根据这一故事建立相关主题公园来促进英国旅游业等延伸类文化创意产品的发展，通过这一产业链各类文化创意产品获得相关的价值。

第三节 基于不同角度的文创产品设计分类

文创产品设计在当今社会中扮演着重要的角色，因为它不仅仅是产品本身，更是文化、历史和价值观的传达者。因此，在文创产品设计过程中，考虑不同层次和深度的文化至关重要。这种考量有助于选择适当的产品种类和设计方向，避免造成文化传播不畅或引发矛盾。联合国贸易和发展会议将文化创意产业所产生的物质或精神产品统称为文创产品，这些产品不仅仅是商品，更是文化的体现和传承。从工业设计的角度看，文创产品可以被分类为不同类型，每种类型都承载着特定的文化内涵和设计理念。文创产品设计分类见表1—1。

表1—1 文创产品分类

学者	分类依据	分类
郝凝辉	文创产品仍然属于工业设计的范畴，以工业设计的产品特征进行分类	艺术衍生品、动漫电影衍生品、旅游纪念品、博物馆产品、特定主题纪念产品、传统符号文化产品
周琳琅	从工业设计的角度进行界定和分类。考虑设计的三个层次，即感官层、技艺层和内涵层，融入文化后进行文创产品的分类	感官层文创产品、技艺层文创产品、内涵层文创产品
颜曦	文创产品包括有形的物品和无形的服务，因此按照产品的文化元素和性质分类	原生态文创产品、手工艺文创产品、工业化文创产品、地方性文创产品、艺术衍生文创产品
姚林青、卢国华	以外部约束条件为前提，根据文创产品表现出的不同经济性质进行分类	公共产品型、公共资源型、私人产品型、自然垄断型
张钟灵	考虑产业链的上、下游关系及产品的创新程度，以外延的实现形式进行区分	核心产品（新闻、出版、报业等）、外围产品（音像、娱乐、旅游等）、延伸产品（园林绿化、会展、工艺品等）
马亚杰	根据纽约现代博物馆、大英博物馆和台北故宫博物院三座博物馆的线上商店对在售文创产品的分类方式，考虑消费者的角度，结合学者的理论研究	出版物类、典藏复仿品类、创意纪念品类、民间工艺品四大类

根据上述表格，文创产品可以基于文化层次和文化创意产业两方面进行分类。

(一)按照文化层次的分类

本书将文化分为显形文化和隐形文化,以有无物质形态为标准,将文创产品分为以下两大类。

1. 器物文化文创产品设计

陕西历史博物馆推出的金属书签(图1—1),是器物文化与现代文创产业完美结合的典范。书签的设计灵感取自汉代鎏金铜蚕,这一古老的文化符号在现代设计师的巧手中焕发出新的生机。为了服务于当代生活的需求,设计师将鎏金铜蚕的形态外观平面化,并创新地加入了桑叶的造型。它成功地保留了汉代鎏金铜蚕原物的美感,同时巧妙地融入了现代设计元素,使得产品形态更加完整且富有创意,与当代人追求简约而不失个性的审美理念相契合。设计师在这款金属书签中巧妙地将器物文化与现代生活相结合,将传统文化元素注入产品中。

图1—1 陕西历史博物馆根据汉代文物鎏金铜蚕设计的金属书签

2. 观念文化文创产品设计

在文化的继承和发展过程中,符号性的物质形态扮演着重要的角色,同时隐形文化也在其中悄然存在。甘肃省博物馆设计的百家姓印章(图1—2),是对中华姓氏文化的一次精彩演绎。这款印章不仅巧妙地将姓氏文化以文字形态进行合理应用,更将隐形文化融入其中,展现出深厚的文化底蕴和艺术魅力。这种印章作为物质载体,不仅传达了姓氏文化的符号性,更形象具体地展现了文化的丰富内涵。通过这种物质形态的传播方式,人们能够更直观地感受到姓氏文化的底蕴和历史积淀。这种结合了器物文化和观念文化的文创产品设计,不仅仅是产品本身的呈现,更是对文化传统的一种延续和弘扬。从器物文化和观念文化两方面进行分析和研究，可以更全面地理解文创产品设计的意义和价值。器物文化呈现了物质形态下的文化表达，而观念文化则体现了人们对文化内涵的理解和认知。通过这种综合分析，我们能够更好地挖掘和传承文化的精髓，同时也为文创产品设计提供了更广阔的思路和可能性。

图1—2　甘肃省博物馆百家姓印章

（二）按照文化创意产业分类

按照文化创意产业分类，文创产品可以分为以下四点。

其一，文化艺术文创产品。文化艺术文创产品以深厚的文化艺术底蕴为基础，设计出发点可以是器物文化、行为文化，或是能体现制度文化和心态文化的元素。这类产品强调符号性、艺术性和美观性，旨在通过设计语言传达文化的精髓和魅力。

其二，娱乐IP文创产品。娱乐IP文创产品以流行文化中的IP形象为设计基础，这些IP形象可能来自电影、电视剧、动漫、游戏等娱乐形式。娱乐IP文创产品分为两类：一类是迎合流行的爆款产品，注重时效性和市场接受度；另一类则是用于收藏的藏品，更注重其独特性、纪念意义和升值空间。例如，根据热门动漫形象设计的玩具、服装或是限量版收藏品等。

其三，纪念性文创产品。纪念性文创产品不受特定文化类型的限制，但需要提取文化的特征，并将其融入产品设计中。这类产品将纪念价值放在首位，强调对文化特征的原汁原味表达，通过产品让人们能够感受到文化的独特性和历史价值。同时，其创新性主要体现在对标志性文化元素的新应用和新理解上，使得传统与现代得以完美结合。例如，以历史事件或重要人物为主题的纪念品，或是结合地方特色文化的旅游纪念品等。

其四，博物馆文创产品。博物馆文创产品是将博物馆内展示的特色或典藏文物等基础资源与现代生活流行元素、生活美学和创意设计相融合，开发出具有实用性和教育价值的文化创意产品。这些产品赋予了原藏品全新的时代精神和广泛的教育意义。这些产品使原本高高在上的"小众文化艺术"转变为更具社会影响力的"大众文创产品"。

博物馆文创产品包括生活用品、文具、服饰、装饰品、玩具等，种类丰富多样。它们传递独特的地方特色、文化内涵和艺术品位，展示博物馆的独特魅力。随着文创产业的蓬勃发展，当代博物馆文化产品被划分为四类：艺术衍生纪念品、出版品、典藏复制品和博物馆配合展览开发的限量精选产品。这些产品引领着世界各地博物馆文创产品的热潮，为人们提供了更多选择和体验的机会。

博物馆文创产品的发展不仅给博物馆带来了额外的收入来源，也为人们提供了更多了解和欣赏文化遗产的途径。它们通过与现代生活的结合，使文化艺术更加贴近人们的生活，激发人们对历史、艺术和文化的兴趣。同时，博物馆文创产品也成了一种重要的文化交流和传播方式，将博物馆的文化影响力扩大到更广泛的群体中。

博物馆文创产品具有以下特点。

（1）主题独特

北京地区拥有多个类型的博物馆，每个博物馆都有其独特的历史文化内涵和主题。这些博物馆致力于保护和展示各自领域的文化遗产，通过展览和教育活动向公众传递知识和理解。而且为了展示博物馆的独特性和差异性，各个博物馆都开发了自己的文创产品。这些文创产品不仅具有艺术价值，还能够传达博物馆所代表的文化主题。为了与博物馆产生共鸣，博物馆只能销售具有本馆独特特征的文创产品。每个博物馆都有其独特的特点和优势。例如，中国国家博物馆是中国最大的综合性博物馆，展示了中国丰富的历史和文化遗产。北京故宫博物院是中国古代宫殿建筑的代表，展示了中国皇家文化的辉煌。北京民俗博物馆则关注于北京地区的民俗文化，展示了北京人民的传统生活方式和习俗。老舍纪念馆则是为了纪念中国著名作家老舍而设立的，展示了他的生平和文学成就。

（2）设计有创意

博物馆文创产品的创意设计是当前发展的关键所在。传统的简单印刷方式已经无法满足现代消费者的需求，因此需要加大力度在设计方面进行创新。新的文创产品不仅应该注重传统的图案印刷，更应该关注功能性、外形设计，并赋予产品意义和美感。跨行业合作是推动文创产品创新的重要途径。例如，与平面设计师、多媒体设计师、时尚设计师等不同领域的专业人士合作，可以为博物馆文创产品注入更多元的创意元素，提升产品的设计水平和吸引力。此外，除了创新设计，还应该扩展文创产品的种类、销售渠道和促销方式。通过引入更多样化的产品，拓展线上线下销售渠道，采用更具吸引力的促销方式，进而吸引更多消费者的关注和购买意愿，提升产品的市场竞争力。

（3）具有纪念意义

博物馆纪念品商店在旅游景区和名胜古迹中扮演着重要的角色，吸引着外地游客的光顾。这些游客在参观完博物馆后，往往希望购买具有该博物馆纪念意义的产品，作为旅游纪念或礼物，来延续他们对这段旅程的记忆。这种购买行为不仅是对博物馆本身的支持，也是一种文化传承和交流的体现。以台北故宫博物院的"翠玉白菜"（图1—3）系列文创产品（图1—4）为例，它是最受欢迎的文创产品之一，同时也凸显了纪念性是博物馆文创产品的重要特征。这些产品不仅仅是简单的商品，更承载着历史文化的内涵和象征意义。游客通过购买这些产品，不仅能带走一件实用的物品，更能将博物馆的精神和价值观带回家，与家人、朋友分享这段独特的文化体验。

 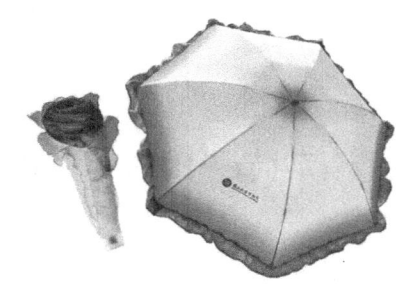

图1—3 "翠玉白菜"　　　　图1—4 "翠玉白菜"文创伞

（4）富有文化内涵

每件藏品都蕴含着独特的文化意蕴和内涵，这些文化元素赋予文创产品与普通产品区别开来并具有属于自己的独特性。在设计文创产品过程中，要着重反映藏品背后的故事、文化内涵和象征意义，使设计出的产品能够传达和延续博物馆所代表的文化精神。文创产品的设计应当符合博物馆特征的文化性，体现对文化传承和创新的尊重和关注。通过文创产品的设计与推广，博物馆文化得以传播和教育社会。这些产品不仅是文化传承的载体，更是文化教育的重要工具。通过文创产品，人们可以更直观地了解博物馆所陈列的文物背后蕴含的历史、文化和艺术价值，从而增进对文化遗产的认知和理解。同时，文创产品的推广也能够拓展博物馆的影响力和知名度，吸引更多人参与到文化传承和保护的行列中。

（5）具有地域性

中国作为一个历史悠久的国家，拥有丰富多样的文化遗产。而且，不同地域展现出不同的文化特征，每个地方都有自己独特的风俗、习惯和传统。尽管这些地域特征在城市化进程中面临着同质化的挑战，但它们仍然是城市独特之处的重要组成部分。湖北省作为中国的一个省份，拥有着丰富的荆楚文化。其以独特的艺术、音乐、文学和建筑风格而闻名。在设计文创产品时，设计师需要关注当地的地域性，将楚国文化的特点融入产品设计中（图1—5）。

图1—5　越王勾践剑书签套装

第四节　国内外文化创意产业的发展

一、文化创意产业发展历史

文化创意产业兴起于英国，布莱尔政府为了重塑英国在发达资本主义国家中的核心竞争力，提升英国在国际中的整体实力，在1997年提出"新英国"计划，其主题就是发展文化创意产业。创意产业，是指那些从个人的创造力、技能和天分中获取发展动力的企业，以及那些通过对知识产权的开发创造潜在财富和就业机会的活动。随后，创意产业在世界各国开始迅猛发展。目前，创意产业已经不是政策性概念和纯观念的东西，而是能够创造巨大财富的一种新经济产业。一些文化创意产业发达的国家增长速度非常快，作为文化创意产业超级大国的美国更是以14%的速度高速发展，而英国的速度也高达12%。文化创意成了生产力，且日益改变着我们的生活。

文化创意产业在全球范围内蓬勃发展，成为许多国家重要的战略产业之一。其中，美国作为全球文化创意产业最为发达的国家之一，展现出了令人瞩目的成就和影响力。美国的文化创意产业已经超越航天工业，成为该国第一大出口创汇产业，为美国经济的持续增长和国际竞争力注入了强劲动力。此外，美国有超过1700万人从事文化艺术及相关产业，为就业市场提供了广泛的机会和发展空间。特别值得一提的是，纽约市作为美国文化创意产业的重要中心，每年有数以亿计的资金在该领域中流通，促进了文化创意产业的繁荣发展。文化创意产业时代的来临标志着创意的时代已经到来，为社会带来了更多的创新、活力和发展机遇。

中国文化创意产业在发展历程中起步较晚，但近年来却呈现出蓬勃发展的势头。2006年9月13日，《国家"十一五"时期文化发展规划纲要》首次正式提出了"文化创意产业"概念，标志着中国对这一领域的重视和推动。文件强调了建设文化创意产业中心城市的重要性，要加快产业整合和园区建设，培育文化创意群体和内容供应商，以促进文化创意企业的发展。2006年也被誉为中国文化创意产业的元年，这一时期标志着该产业受到了广泛关注和推动。北京市和上海市分别将文化创意产业定位为未来经济增长点，并将其纳入"十一五"规划中，为该产业的长远发展指明了方向。在政府政策的支持下，中国文化创意产业市场规模不断扩大，展现出巨大的发展潜力。随之而来的是各种文化创意产品和服务不断涌现，为经济发展注入了新的动力。随着技术的不断进步和市场需求的不断增长，中国文化创意产业有望在未来持续蓬勃发展，为国家经济和文化的繁荣作出更大的贡献。

二、国际文化创意产业发展分析

（一）国外文化创意产业分析

1. 英国

英国创意产业在其经济体系中扮演着重要角色，被细分为13个子行业，包括出版、电视和广播、电影和录像、电玩、流行设计与时尚、软件和计算机服务、设计艺术、音乐、广告、建筑、表演艺术、艺术与古玩市场、工艺。为了促进创意产业的发展，英国政府设立了"创意产业委员会"，由企业家、投资者、专家学者等组成，为该产业提供指导和咨询。政府通过制定政策积极引导创意产业的发展，使其成为国民经济增长速度最快的产业之一。

在地区发展方面，伦敦地区和东南部地区的创意产业相对发达，尤其是新媒体相关行业发展迅速，成为英国创意产业的重要发展区域。这种地区集聚效应有助于吸引更多的创意人才和资源，推动产业的创新和发展。英国创意产业的发展趋势主要体现在强调创意经济、数字化和创意人才培养方面。这些趋势为后起国家的创意产业发展提供了重要的指导意义，同时也为其他国家提供了宝贵的经验和借鉴。通过关注这些发展趋势，各国可以更好地规划和推动自身创意产业的发展，实现经济转型和增长。具体表现在以下四个方面。

第一，英国文化创意产业的管理部门职责十分明确。在这一体制中，政府承担着纵向一体化管理的责任，主要负责整体规划和指导。英国的核心管理部门是"文体部"，其职责是对创意产业进行管理和指导，确保产业的健康发展。同时，地方政府和非政府部门承担着横向水平化管理的角色，负责具体的实施和运作。在管理原则方面，英国遵循管理有度、适当分权和严松兼备的基本原则。这意味着管理上既要有一定的规范和约束，又要给予一定的自主权和灵活性，以促进创意产业的创新和发展。为了有效管理创意产业，英国采取了一系列管理手段。其中，包括制定有利于产业成长和发展的规划和法律，以引导和规范产业发展方向。通过这些规划和法律的制定，英国能够为创意产业提供良好的发展环境和政策支持，促进产业的持续增长和创新。

第二，英国政府通过政策支持，注重发挥从业个体的主动性。英国政府在文化领域采取了一种独特的政策立场，即"不办文化，只管文化"，并对文化创意产业采取了"不直接参与产业发展，只靠政策推动创意产业发展"的策略。为推动文化创意产业的发展，英国政府实行了"三三制"资金来源模式，即三分之一来自政府资金，三分之一来自社会资金（如国家彩票、社会捐助等），还有三分之一来自文化创意产业相关组织自身的商业活动。通过开办国家彩票并将部分收入用于资助国家文化艺术、体育和慈善事业，包括文化创意项目，英国政府在资助文化领域的同时激励了社会资金的参与。这种"三三制"调动了参与个体的积极性和主动性，为参与主体提供了发展空间与条件，同时留有一定的压力和适度的风险。这种政策引导方式迫使参与主体积极主动地寻找机遇、挖掘资源和开拓市场，充分发挥主观能动性，创造优于竞争对手的机会和条件，提高扶持政策和资本投入的使用效率。英国政府的这一政策旨在促进文化创意产业的发展，同时激发社会各界的参与和支持，为文化艺术事业的繁荣和创新提供了有力支持。

第三，英国政府高度重视创意人才培养，将人才视为推动文化创意产业发展的持久动力。创意产业作为人才密集型产业，对经济增长、社会发展和文化生活具有重要贡献。英国政府深刻意识到创意产业对经济创新的关键作用，因此积极制定了针对性的人才培养规划。为了有效推动创意人才培养，英国政府通过发布创意人才报告并客观分析实际情况，以制定符合需求的培养规划。例如，"文体部"等多次发布创意人才报告，为创意产业的长远发展提供持续动力和指导。这种持续关注和支持的做法有助于激发人才潜能，促进创意产业的繁荣和创新。英国政府的创意人才培养模式值得其他国家学习和借鉴。通过政府主导的报告发布、实际情况分析和针对性规划制定，可以有效提升人才培养的质量和效率，为文化创意产业的可持续发展奠定坚实基础。其他国家可以借鉴英国政府的经验，加强对创意人才培养的重视，推动本国创意产业的发展和壮大。

第四，英国的创意产业发展注重解决现实问题与发挥地方优势相结合。在伦敦的苏豪区和曼彻斯特，创意产业初期便与工业遗产和文化艺术结合，形成了独特魅力。然而，随着英国经济社会进入相对稳定阶段，部分工业区开始出现衰败的现象。为了应对这一挑战，英国政府开始发挥文化艺术优势，倡导创意产业对经济发展的推动作用。通过文化艺术与工业的结合，可以促进二者的协调发展，打破地区经济衰落的局面。这种结合不仅可以实现文化创意优势的发挥，还能为地方经济带来新的活力。

2. 美国

美国文化创意产业以版权产业为核心，是提供精神产品生产和服务的重要产业。在美国，版权产业被划分为核心版权产业、交叉版权产业、部分版权产业和边缘支撑产业，构成了一个庞大而多元化的产业体系。这些产业的蓬勃发展使得美国版权产业成为全球最为发达的之一，也成为美国最大、最富有活力的产业之一。

自20世纪70年代起，美国开始实施版权战略，加强对版权的保护。这一战略包括政府组织架构的调整、法令的颁布及对外发展战略的制定。为了加强版权保护，美国政府设立了版权办公室、贸易代表署等机构，并重视版权保护工作。此外，美国还通过颁布大量法律法规，如《版权法》《电子盗版禁止法》等，形成了全面的版权保护法规体系。

除了在国内加强版权保护外，美国还积极参与国际版权保护体系，如加入了《保护文学和艺术作品伯尔尼公约》并签订了《TRIPs协议》，为国际版权保护事业作出了积极贡献。

3. 澳大利亚

澳大利亚创意产业的发展至关重要，政府在这方面采取了一系列关键举措以支持和促进创意产业的繁荣。以下是澳大利亚创意产业发展的关键要点。

第一，政府注资与税收优惠结合。政府实施了"澳大利亚商业化"计划，旨在资助创新项目，为创意企业提供资金支持。这一计划的总资助额达1.961亿澳元，为创新项目的开展提供了强有力的支持。同时，政府还推出了"研发税收优惠政策"，鼓励企业增加研发投入，特别是对营业额在2000万澳元以下的企业提供税收优惠，以激励创新和技术发展。

第二，着力推动中小企业发展。政府重视中小企业在创意产业中的作用，提供资助给这些企业，特别支持创新中心，为企业开发创新产品与服务提供资金支持。此外，政府针对偏远地区的创意产业提供额外资助，并设立小企业在线帮助途径来企业降低运营成本，促进中小企业的可持续发展。

第三，注重创意人才的培养和就业。政府采取了多项措施以培养和支持创意人才的发展。推出针对不同培训机构的扶持措施，如"国家中学电脑基金"为学生提供计算机，促进学生对创意技术的学习和应用。此外，支持国家专业艺术培训机构，并制定了"艺术启动"计划为创意产业从业者提供创业资金和政策支持，为创意人才的成长和就业创造良好环境。

第四，加强研究成果的推广和利用。政府成立了"澳大利亚研究委员会创意产业创新研究中心"，获得政府资助用于研究创意产业，推动研究成果的应用和推广。此举有助于促进创意产业的创新和发展，为产业发展提供更多的理论支持和实践指导。同时，制定"创意企业标准"帮助企业了解行业发展情况，制定发展战略，以提升企业的竞争力和发展潜力。

（二）国内文化创意产业分析

1. 全国文化创意产业发展分析

根据党的十五大至今的发展历程，可以看出中国政府一直高度重视文化产业的发展和非物质文化遗产的保护。党的十五大首次提出"文化产业"开始，到党的十六大强调繁荣社会主义文化，到党的十七大和"十二五"规划全面部署文化领域的发展和改革，再到2021年国家发布的《"十四五"文化产业发展规划》，都体现了中国政府对文化事业的重视和支持。2021年，党的十九届五中全会通过的《中共中央关于制定国民经济和社会发展第十四个五年规划和二〇三五年远景目标的建议》明确提出要实施文化产业数字化战略。在当前社会经济发展的背景下，文化产业作为综合国力的重要标志之一，不仅具有经济价值，更重要的是具有文化传承、创新和社会发展的功能。加强文化市场建设和管理，推动文化产业发展，可以促进文化事业全面繁荣，推动文化产业快速发展，为社会经济发展注入新的动力。同时，保护非物质文化遗产和传统工艺的传承与发展也是当前重要的任务。传统工艺是中华民族宝贵的文化遗产，保护和传承传统工艺不仅是对历史文化的尊重，更是对民族精神的传承和发展。推动传统工艺的创新发展，不仅可以保护传统文化，更可以促进相关产业的发展，提高人民的生活质量，为社会经济的可持续发展提供有力支撑。2022年11月1日，工业和信息化部、教育部、文化和旅游部、国家广播电视总局、国家体育总局五部门联合印发的《虚拟现实与行业应用融合发展行动计划（2022—2026年）》指出，"推动文化展馆、旅游场所、特色街区开发虚拟现实数字化体验产品，让优秀文化和旅游资源借助虚拟现实技术'活起来'"。①

移动数字技术拓宽了线上线下、线上社区内部及社区间互动边界。虚拟投影技术、虚拟现实技术、立体投影、全息透明屏幕等现代科技为沉浸式文创体验提供了良好基础，公众对沉浸感的需求也促使文创产品和服务不断革新。根据2018年腾讯率先提出的"新文创"战略，以及2023年工信部等五部门印发的《元宇宙产业创新发展三年行动计划（2023—2025年）》，我国文化创意产业正迎来前所未有的发展机遇。这些政策的出台旨在推动文化价值和产业价值互相赋能，实现高质量文化生产与IP构建，构建先进元宇宙技术和产业体系，推动元宇宙产业发展。在国家政策的扶持下，我国文化创意产业迅速发展，不仅为国民经济增长作出了重要贡献，还提升了我国的国际影响力。然而，与一些发达国家相比，我国文化创意产业的发展水平仍存在差距，面临一些问题和挑战。国际比较显示，我国文化创意产业在一些关键领域仍需提升至世界一流水平。同时，我国各地区之间也存在着发展差异，因此需要协调发展，共同提升我国文化创意产业的整体竞争力。只有通过全国范围的合作与协调，才能更好地推动我国文化创意产业的发展，实现产业升级和跨越式发展。

综上所述，我国文化创意产业在国家政策的引导下正迎来前所未有的发展机遇，但也需要面对发展中的问题和挑战。通过政府、企业和社会各界的共同努力，相信我国文化创意产业必将迈向更加繁荣和辉煌的未来。

2. 部分代表性地区文化创意产业发展分析

（1）北京文化创意产业发展分析

近些年来，在北京市政府对产业发展、政策制定等方面给予的大力扶持下，

---

① 中华人民共和国中央人民政府：《虚拟现实与行业应用融合发展行动计划（2022-2026年）》（https://www.gov.cn/zhengce/zhengceku/2022-11/01/content_5723273.htm（2024年2月3日）。

文化创意产业已经成为首都经济的重要支柱和新增长点。"2023年，全市规模以上文化及相关产业法人单位实现收入合计20638.3亿元，同比增长13.6%。其中，规模以上文化企业实现营业收入20140.1亿元，同比增长13.6%。分领域看，文化核心领域实现收入合计18721.9亿元，同比增长13.9%，对全市文化产业收入增长的贡献率为92.4%。其中，新闻信息服务、内容创作生产、文化传播渠道、文化投资运营和文化娱乐休闲服务5个领域收入合计同比分别增长8.9%、31.7%、8.4%、10.6%和48.7%；创意设计服务领域收入合计同比下降0.6%，较1—3季度降幅扩大0.1个百分点。文化相关领域实现收入合计1916.3亿元，同比增长10.8%。其中，文化辅助生产和中介服务、文化消费终端生产两个领域收入合计同比分别增长19.9%和5.5%；文化装备生产领域收入合计同比下降7.7%，较1—3季度降幅收窄1.4个百分点。"① 北京文化创意产业的发展主要呈现出以下几个特点。

第一，政府在促进文化创意产业发展方面的力度不断加大。2006年11月7日，《北京市促进文化创意产业发展的若干政策》的发布，为北京文化创意产业的基础奠定了重要的基础。随后，2009年7月3日发布了《关于金融支持首都文化创意产业发展的指导意见》，旨在推动经济结构调整和创新驱动。为了支持文化创意产业的发展，北京市陆续出台了一系列政策措施，如改造老厂房、文创产业"投贷奖"、支持实体书店、推动文创产品开发等，构建了"1+N+X"政策体系。这些政策措施在不同层面上支持着文化创意产业的蓬勃发展。

第二，在规模化方面，北京市级文化创意产业集聚区达到33个，覆盖各个领域，吸引了众多企业入驻。各区县根据自身资源特点形成了各具特色的文化创意产业街区和新村，形成了多样化的发展格局。龙头集聚区的带动作用促进了集群式发展，初步形成了多样化的文化创意产业布局。

第三，在市场化方面，北京文化创意产业收入和利润中约三分之二来自非公和混合所有制经济，体现了市场化的发展趋势。多元化的参与主体推动了文化创意产业的市场化和开放化发展。同时，上榜园区具有完善的产业链、健全的服务体系、规范的管理运营和显著的效益，为文化创意产业的市场化提供了有力支持。

（2）上海文化创意产业发展分析

上海文化创意产业发展较快，2022年上海文化创意产业总产出1.64万亿元，

---

① 京报网：《2023年北京规模以上文化企业实现营业收入超2万亿元》（https://news.bjd.com.cn/2024/02/01/10692849.shtml）（2024年2月14日）。

从业人员人均产出达 170 万元。文化创意产业已经成为上海经济体系中的重要组成部分，成为"联动长三角，辐射全国，链接世界"的关键动力源。随着上海深入实施"文化+"战略，将文化创意融入城市发展全局，作为落实"人民城市"重要理念的关键举措，文化创意产业将不断助力城市转型升级和更新发展。上海文化创意产业的发展主要呈现出以下三个特点。

第一，上海创意产业集聚区自 2005 年起首批成立以来，经历了持续发展的历程。随后，又有 5 批创意产业园区相继授牌，形成了基础扎实、类型多样的特点，包括特色型、综合型、培训型、交易型、地产型等不同类型的园区。在发展策略和规划方面，市场运作被视为主要推动力量，通过市场机制培育专业园区的内在动力。政府推进作为辅助手段，协助建设专业园区，为创意产业的发展提供支持和指导。在实施方式上，市场运作和政府推进并重，旨在促进创意产业集聚区的科学发展。通过市场机制的引导和政府的支持，创意产业园区得以不断壮大，各类园区类型相互补充，形成了良性发展的局面。上海创意产业集聚区在市场与政府的共同推动下，不断完善发展机制，促进创意产业的蓬勃发展。

第二，上海市在推动文化产业和传统产业创意化发展方面制定了一系列政策和措施，以促进产业的创新和发展。上海市委宣传部致力于推动文化产业的创意化，成为文化创意产业发展的主要推动力。同时，上海市经济和信息化委员会负责推动传统产业（主要指制造业）的创意化发展，为产业升级注入新动力。为支持和促进上海市创意设计业的发展，相关部门出台了《关于促进上海市创意设计业发展的若干意见》等产业推进政策和扶持办法。此外，实施了《上海市动漫游戏产业发展扶持奖励办法》等产业发展奖励政策，以激励和奖励业内创新和发展。为进一步支持文化创意产业的发展，上海市还颁布了《上海市促进文化创意产业发展财政扶持资金实施办法》等财政扶持措施，为产业发展提供资金支持。同时，制定了《上海市文化创意产业人才开发目录》等人才培养和扶持政策，致力于为文化创意产业的人才发展提供有力支持。

第三，上海创意产业的发展注重知识、技术、创意和人才这四大核心要素。为促进产业发展，上海采取了多项重要举措。首先，通过建立新型产业集聚区和产业带，以高等院校和科研机构为依托，推动产业集群发展，实现产业协同效应。其次，打造专业化产业园区，营造良好的产业生态环境，促进产业集群效应的形成和发展。此外，重视服务平台建设，建立多个专业公共服务平台，旨在降低企业运营成本，提供优越的发展条件，推动产业创新和发展。另外，每年举办创意产业周等活动，营造良好的社会氛围和发展环境，为产业发展提供交流平台，促进市场的繁荣与发展。通过这些综合举措，上海创意产业得以蓬勃发展，为城市经济发展注入了新的活力和动力。

（3）深圳文化创意产业发展分析

深圳市政府一直致力于推动文化创意产业的健康发展和持续增长。通过出台一系列规划、法规和专项文件，如《深圳市文化产业发展规划纲要（2007—2020）》《深圳市文化产业发展促进条例》《关于促进创意设计业发展的若干意见》等，为文化创意产业营造了良好的成长环境和健全的法规政策保障。在这些政策的支持下，深圳文化创意产业逐渐形成了"文化＋创意""文化＋科技"等新的发展模式，促进了产业的创新和发展。事实上，早在2005年，深圳就提出将文化产业打造为四大支柱产业之一。当前，深圳文化产业增值"保持年均15%以上的快速发展势头，增加值由2004年的163亿元增长至2023年的2750亿元，增长近17倍，占全市GDP比重由4%左右稳步增长至8%左右"[①]。深圳文化创意产业的发展呈现出以下两个特点。

第一，注重产业集聚，搭建服务平台。深圳作为一个充满活力和创新精神的城市，正在积极推动文化创意产业的发展。通过充分利用自身资本、技术和信息等优势条件，深圳逐步建立起了一个蓬勃发展的文化创意产业生态系统。其中，大力推进文化产业园区和基地建设成为推动产业集聚效应的关键举措，吸引了众多知名文化企业，如腾讯、华视传媒、天威视讯等在深圳及境外主板上市，为深圳文化创意产业的发展注入了强劲动力。目前，深圳已经形成了50多个文化创意产业园区和基地，涵盖了动漫、设计、游戏、数字内容、出版等多个领域。这些产业园区不仅具有辐射功能，还能带动周边地区的文化产业发展，形成了良好的产业生态链条。华侨城、古玩城、腾讯等11家园区和企业更是被评为国家级文化产业示范基地，为深圳文化创意产业的发展提供了坚实的基础支撑。

第二，注重资金扶持，扩大海外市场。深圳市通过设立专项扶持资金支持本地企业参加海外国际性展会，推广文化创意产品，展现了市政府对文化产业发展的重视和支持。这一举措有效促进了众多企业的快速发展，使得深圳的文化创意产品贸易量快速增长。如今，深圳已经成为我国文化产品进出口的重要基地和主要口岸，为国内文化产业的发展作出了重要贡献。深圳市在文化领域的成就也得到了国际认可，荣获联合国教科文组织授予的"设计之都"荣誉称号，成为我国

---

① 网易：《深圳文化产业发展"长红"增加值由2004年163亿元增长至2023年的2750亿元，增长近17倍》（https://www.163.com/dy/article/J2UPG3QG0514R9KQ.html）（2024年5月24日）。

首个加入全球创意城市网络的城市。这一荣誉的获得不仅是对深圳文化创意产业发展的肯定，也为深圳在国际舞台上的声誉增添了光彩。

（4）杭州文化创意产业发展分析

杭州市作为国内较早发展文化创意产业的城市之一，不仅制定了文化创意产业发展规划，更把目标定位为全国文化创意产业中心。2023年前三季度，杭州"文化产业增加值为2395亿元，占全市GDP比重达16.6%"[1]，这个比例居全国首位。杭州文化创意产业的发展呈现出以下三个特点。

第一，完善融资服务体系。杭州市自2010年9月起发布了《杭州市人民政府办公厅关于鼓励为文化创意企业提供融资服务的实施意见》，旨在加大对文化创意产业融资扶持力度，构建完善的投融资配套服务体系。连续5年，杭州市每年从文化创意产业专项资金中拨款不低于1000万元，用于加强文化创意产业投融资体系建设。为合理分散金融机构的信贷风险，杭州市建立了多层次、多功能的贷款风险分担和补偿机制，以增加对文化创意企业的信贷支持。政府还鼓励本地担保机构为文化创意企业提供融资担保服务，专项资金用于资助担保费用和担保代偿损失。

第二，健全产权保护和评估机制。杭州市致力于加强知识产权保护，为文化创意产业的健康发展奠定基础。为实现这一目标，市政府已建立健全了知识产权评价机制和保护体系，充分利用产权交易中心资源和市场地位。同时，市政府还在探索建立无形资产评估体系和知识产权交易平台，以推动版权交易市场的发展。

第三，加强对外联系。中国杭州文化创意产业博览会（杭州文博会）自2007年创办起经过多年的发展壮大，逐步成为杭州市提升文化创意产业知名度与影响力的重要会展平台。通过不懈努力，该会展成功打响了"全国文化创意中心"的品牌，为推动文化创意产业的发展起到了重要作用。其影响力不仅局限于地方范围，更被《中国创意产业发展报告》认可，并列为中国创意产业的四大重要会展之一。第十六届（2022）杭州文化创意产业博览会在杭州市萧山区国际博览中心开幕，共计邀请了近40个国家和地区的3800多家文化企业及品牌参加线上线下展示。杭州市以高度的文化自觉、文化自信，大力推动文化产业提质增效，文化产业已经成为全市国民经济重要支柱产业，发展实力稳居全国第一方阵，已成为全国文化创意中心城市。十年来，杭州文化产业增加值年均增速达10%以上。2023年，杭州市文化市场供需潜能加快释放，文化服务业企业、文化新业态行业

---

[1] 杭州网:《全城最热闹的"文化大集"来了！第十七届杭州文博会火热开幕》（https://hznews.hangzhou.com.cn/shehui/content/2023-11/23/content_8647736.htm）（2024年2月4日）。

均呈现较快增长,全年文化产业增加值达 3211 亿元,比上年增长 11.3%,占全市 GDP 比重达 16%;全市规模以上文化及相关产业实现营业收入 8064 亿元,增长 18.0%。①

3. 文化创意产业发展分析

选取建筑设计行业和服装设计行业进行简要介绍。

(1) 建筑设计行业

建筑设计业的发展与建筑业、房地产开发业的发展直接相关,在建筑业总产值和固定资产投资低速增长的大背景下,建筑设计必然会受到明显的不利影响。建筑设计行业是一种新型的知识密集型和服务型产业,涵盖建筑设计企业、建筑专项设计机构及建筑专项设计和施工企业。建筑专项设计机构涵盖多个领域,包括建筑装饰工程、环境工程、风景园林工程、建筑智能化系统及建筑幕墙工程设计。与此同时,建筑专项设计及施工企业负责实施具体设计方案,涵盖建筑装修工程、建筑智能化工程、建筑幕墙工程及消防设施工程等领域。

在经济全球化的大背景下,我国城市化进程发展迅速,建筑设计行业发展较为活跃,呈现出多样化发展的态势。

第一,参与主体多元化。除了传统的建筑设计师和工程师外,如今还涌现出建筑技术顾问、可持续发展专家、景观设计师等新兴职业。同时,跨学科合作也日益普遍,包括与城市规划师、环境学家、社会学家等领域的专家共同合作,共同探讨城市发展与建筑设计之间的关系。这种多元化的参与主体不仅丰富了建筑设计行业的人才队伍,也推动了建筑设计的创新和发展,为城市化进程注入了更多的活力和创意。建筑设计行业的多元化发展将进一步推动我国城市化进程向更高水平迈进。

第二,业务内容差异化。随着城市化进程的加速和人们对生活环境的不断提升需求,建筑设计公司需要通过差异化的业务内容来吸引客户、提升竞争力。一种常见的差异化策略是专注于特定类型的建筑项目,如住宅设计、商业空间设计、文化建筑设计等,通过深耕细作成为该领域的专家,并提供高质量的设计服务。另一种策略是在设计理念上进行差异化,如注重绿色环保、创新科技应用、文化传承等方面,以突出的设计理念吸引客户。

第三,业务方式多样化。除了传统的项目承接和设计服务外,建筑设计公司还可以开展多元化的业务方式,如设计咨询服务、设计师培训、设计展览等。设

---

① 杭州市人民政府:《2023 年文化产业增加值增长 11.3%》(https://www.hangzhou.gov.cn/art/2024/2/9/art_1229063407_4239901.html)(2024 年 2 月 16 日)。

计咨询服务可以帮助客户在项目初期进行规划和设计概念的确定，提供专业意见和建议。设计师培训则可以培养新人设计师的专业技能和设计理念，为行业发展输送人才。设计展览则是展示公司设计实力和创新成果的重要平台，以吸引更多客户和合作伙伴的关注。此外，建筑设计公司还可以拓展业务范围，开展设计软件开发、设计工艺研究、设计活动策划等相关业务，实现全方位的设计服务。通过多样化的业务方式，建筑设计公司能够更好地适应市场需求变化，拓展业务领域，提升服务水平，为客户提供更全面的设计解决方案。

（2）服装设计行业

中国是服装行业大国，其产业链主要包括设计、生产和销售三个主要步骤。目前，服装行业存在整个产业链偏向后端，以生产加工和出口为主要盈利点，而设计阶段相对薄弱的情况。在生产加工环节，中国服装行业拥有成熟的生产基地和供应链体系，能够高效地满足全球市场需求。在出口方面，中国服装产品在国际市场上具有竞争力，成为世界服装行业的重要供应国。然而，设计阶段的薄弱导致了缺乏独特的创意和品牌价值，限制了中国服装行业在全球市场中的竞争力和附加值。

①服装设计行业的经营模式和特征。传统的服装设计工作室一般规模较小，采取"一对一"的设计服务模式，仅为客户提供款式设计服务，难以满足客户尽力缩短前导时间，以及对"一站式"设计服务的需求，其扩大规模也相应存在极大的瓶颈。

目前的服装设计行业存在以下三大特征。

第一，周期性。经济周期性对服装行业产生深远影响。在经济周期波动中，服装产品消费量呈现明显波动，尤其中高端服装更受影响。设计企业在这一背景下扮演关键角色，为品牌服装企业提供设计服务。而且设计企业受行业周期性特征影响，其发展与设计的服装品类息息相关。不同设计企业受影响程度因素包括设计能力、设计品类、客户群体等多方面因素。值得注意的是，在行业周期下行时，品牌服装企业更加重视设计，这为设计企业发展提供了机遇。品牌企业会寻求设计企业合作，以提升产品差异化竞争力，满足消费者需求。因此，设计企业在行业低迷时期应注重提升设计能力、拓展设计品类，以适应市场需求的变化，同时积极开拓客户群体，增强市场竞争力。

第二，区域性。服装业在我国最明显的特征是"产业集群化"。服装产业集聚地主要分布在珠江三角洲、长江三角洲、环渤海地区和东南沿海地区。目前，我国已形成以产品分类为特征的上规模的服装产业集群50余个，如广东普宁是以T恤等品类为主的服装产业集群，T恤面辅料供应商和品牌服装企业较多，T恤年生产能力达1.5亿件。广东、浙江、江苏、山东和福建是中国服装业生产大省，服装设计企业的分布也呈明显的地域集中性，主要分布在两类地区：一类是服装产业集群地，由于靠近服装生产企业和面辅料市场，集聚了全国大部分小型的服装设计企业；另一类是北京、上海、广州等中心城市，这些城市服装资讯发达，展会众多，设计院校和设计人才相对集中，服装零售市场活跃，许多品牌服装企业的总部设在此处，集聚了大部分大中型服装设计企业。

第三，季节性。在品牌服装企业和服装设计企业的运营中，季节性因素扮演着重要的角色。品牌服装企业在下半年销售额高于上半年的原因主要是由于秋冬季产品价格较春夏季高，同时下半年有更多的节假日促销活动，刺激了消费需求。相比之下，服装设计企业的设计费与产品单价无关，因此季节性不明显，设计费用不会因季节变化而波动。尽管服装设计企业的设计费用不受季节影响，但其生产业务与品牌服装企业类似，存在季节性变化。所以，服装设计企业的生产周期要相对提前，以满足市场需求。另外，由于一些服装设计企业每季设计的服装款式复杂度、档次、面辅料运用、品类差别不大，因此不存在明显的季节性变化，其销售额相对稳定。

②服装设计行业的市场壁垒形式。

第一，设计研发能力壁垒。在当前快时尚经营模式下，设计企业面临着产品多样化、款式快速更新的挑战，这要求设计企业必须具备提升设计研发能力。为了应对这一挑战，设计企业需要紧跟流行趋势，不断推陈出新，提供多样风格和新颖面料设计。因此，中国服装企业的设计研发能力仍有待提升，需要更具前瞻性的发展。

第二，设计师团队壁垒。中国服装设计师资源稀缺，主要原因在于缺乏服装文化积累和教育培养不足。为了解决这一问题，服装设计专业课程体系需要改进，以满足行业对个性化设计师的需求，培养更多具有创新意识和设计才华的设计师。

第三，快速反应能力壁垒。由于服装行业需求不确定，快时尚趋势要求缩短从设计到上市的时间，因此设计企业需要具备灵活适应市场需求的能力，快速设计和组织生产。内部团队效率和外部资源整合是提升快速反应能力的关键，设计企业需要建立高效的团队协作机制，优化生产流程，加强与供应链的合作，以实现快速反映市场变化的能力。

第四，口碑壁垒。在当前服装市场中，消费者对个性化和时尚化的追求日益显著，促使服装消费升级。设计在服装商业中扮演着越发重要的角色，品牌服装企业对设计服务的需求也随之增强，对设计企业的要求更趋严格。因此，设计必须紧跟流行趋势，提供多样款式选择，以创造商业价值。成功案例和良好口碑是市场新进者的竞争壁垒，必须依托这些因素才能在市场中立足。

第五，创意产业链整合壁垒。设计能力作为企业的核心竞争力，在当前快时尚趋势下尤为重要。为了应对市场的快速变化，企业需要建立适应快时尚趋势的设计流程和理念。这包括建立完善的人才引进和培养制度，确保设计团队具备专业化分工，能够快速应对潮流趋势的变动。其中，面料设计开发能力是至关重要的一环。参与设计过程，了解设计理念和流行趋势，是提升设计团队能力的关键。通过参与设计过程，设计师可以更好地把握市场需求，提升设计款式的时尚度、舒适度和商业价值。同时，制版能力也是设计团队不可或缺的一部分。制版能力的重要性体现在将设计草图完美展现为样衣的过程中。高超的制版技术需要与设计师密切沟通合作，确保样衣符合设计理念并具备商业可行性。此外，整合能力也是提升前端价值链的关键。产业集群地设计企业有利于与供应商合作，提高生产效率和质量。高效整合创意产业链，不仅可以加强企业与供应商之间的合作关系，还能提升企业的竞争力。

第六，管理能力壁垒。时尚行业的特点在于其时尚化、潮流化及个性化的趋势，这要求企业建立相应的商业模式和管理制度以适应市场变化。设计师个性在时尚行业中起着关键作用，因为考虑设计师个性可以调动工作激情和创意灵感，从而推动产品创新和市场竞争。企业在时尚行业中需要不断积累和提高管理能力，以应对市场挑战和业务发展的需求。新入行设计师在时尚行业时面临着一系列困难，因为他们难以在短期内达到高水平管理。

（三）国际文化创意产业发展带来的启示

英国、美国、澳大利亚等国家发展文化创意产业的做法及经验，对我国文化创意产业的发展主要有以下四点启示。

第一，政府应大力支持文化创意产业的发展，营造良好的成长氛围。文化创意产业在当今社会中扮演着重要的角色，不仅可以促进经济增长和就业机会，还能够传承和弘扬文化遗产。然而，这一产业的发展往往需要政府的大力支持，包括资金和政策支持。在资金支持方面，一些国际大都市如伦敦和纽约等地已经意识到文化创意产业的潜力，并通过设立专项资金和基金会来支持该产业的发展。这些资金不仅可以用于创意项目的启动和运营，还可以帮助企业进行市场推广和国际合作，从而提升其竞争力。

除了政府直接提供的资金支持外，政府还应该引导社会资金广泛参与文化创意产业的发展。通过设立税收优惠政策或者激励措施，政府可以吸引更多的私人投资者和企业家参与到文化创意产业项目中，共同营造支持创意产业发展的氛围。此外，政府的政策对于文化创意产业的健康发展至关重要。特别是针对中小文化创意企业的支持政策的制定，可以帮助这些企业克服资金瓶颈、市场竞争等问题，促进其持续发展和壮大。政府可以通过简化审批流程、提供创业培训、建立专门的创意产业园区等方式来支持中小企业的发展。

第二，应大力扶持创意企业，积极引导创建领军式企业。中心城市文化创意产业基地在企业数量多、凝聚力弱、缺乏合作等方面存在问题。为了解决这些问题，政府应该引导发展，推进有实力的中心企业，优化产业布局、企业合作模式和创意产品品种结构。同时，可以借鉴国外经验，以资产为纽带、专业分工为目标、规模经济为要求，联合、重组形成规模企业或创意集团。在发达地区，政府可以鼓励组建大型创意产业集团，如长三角、珠三角等地，以提高产业集聚水平，引领区域创意产业发展。这种做法有助于整合资源，促进企业间合作与交流，推动产业向更加专业化、规模化的方向发展。通过政府引导和国外经验借鉴，中心城市文化创意产业基地可以实现产业结构优化、企业合作加强、创新能力提升等目标。这将为中心城市文化创意产业的可持续发展奠定基础，同时也有助于提升地区经济发展水平，推动文化创意产业在全球范围内的竞争力。

第三，应加大知识产权的保护力度，提高知识产权的保护范围。文化创意产业是当今社会中的重要组成部分，其核心内容和本质要求持续创新和萌生创意，以提高经济效益并谋求社会福利。在这一领域中，知识产权的保护至关重要，因为它与文化创意产业的发展密切相关。许多国家，如英国、澳大利亚、美国等，通过法律政策加大对知识产权的保护力度，从而促进创新和技术进步。在我国，文化创意企业亦需加强对知识产权保护的意识，这将有助于提升其国际竞争力。同时，政府在完善文化创意产业知识产权保护法律和法规方面扮演着至关重要的角色。政府应加大执法力度保护产权利益，从而促进企业的可持续发展。为实现这一目标，文化创意产业需要建立起一个健全的知识产权保护体系，使创意成果得到妥善保护和激励，进而激发更多的创新活力。此外，加强知识产权保护还有助于吸引更多的投资和人才，推动文化创意产业的蓬勃发展。

第四，应着力培养创意专业人才，为产业的持久健康发展提供智力支持和原动力。文化创意产业的发展是现代社会经济文化发展的重要组成部分。在这个领域中，人才是推动产业发展的根本。在发达国家，如美国、英国等以其成功的文化创意产业为例，强调培养创意人才的重要性，特别注重培育创新意识。这些国家积极推出创意人才培训项目，旨在培养具有强大创新思维和先进技术运用能力的人才。他们致力于设计具有国际竞争力的作品，从而在全球舞台上展现其创造力和实力。创意人才被视为文化创意产业生命的源泉，他们的知识和智慧为产业的创意和创新注入了活力。因此，重视发掘和培养创新意识是人才培养的关键。只有不断激发人们的创新潜能，才能推动文化创意产业持续发展。此外，文化创意产业的发展不仅需要关注创意直接创造者，还需要重视管理人员等创意直接服务者的作用。他们的专业管理能力和行业经验对于促进产业的可持续发展至关重要。只有在全方位推动人才培养和产业管理的同时，文化创意产业才能蓬勃发展，为社会经济文化的进步作出更大的贡献。

我国各大城市，如北京、上海、深圳、杭州等，也已经将文化创意产业发展置于重要位置。目前及未来工作的关键在于整合各方面资源，确保各项工作均衡发展，不偏废其一。针对政策、资金、人才、机制等弱势环节，将有针对性地进行突破，为文化创意产业提供更加有力的支持。通过建立健全的政策体系、增加资金投入、引进培养优秀人才、完善机制运作等措施，为各地区文化创意产业的健康发展奠定坚实基础。

三、文化创意产业的发展方向和途径

（一）我国文化创意产业发展方向

1. 将创意作为发展核心

创新不仅是国家、民族持续发展的源泉，同时也是推动产业进步的永恒动力。文化产业的发展水平，基本上是由文化创意的质量所决定的。当文化创意的质量较高时，才会有高质量的文化产品和服务，从而获得市场的认可，完成从文化创意到财富的转变。从某种角度看，文化创新已经崭露头角，成为文化产业增长的关键动力。在中国，文化产业主要还是以传统的文化资源为主导，而以文化创意为核心的产业则相对较少。拿旅游行业为例子，中国的旅游文化产业主要依赖于历史遗迹、自然风光等传统的文化资源和元素。仅仅依赖传统的文化资源存在明显的限制，已经无法将文化产业推向一个新的层次。但是，文化的创新思维基本不受束缚，显示出了其强大的活力。当前，创意文化企业正在积极地研发创新的文化产品，寻找新的盈利途径，并致力于提升其自主创新的能力。创意文化产业正在逐渐转变为文化产业的基石，而文化创意也已经成为推动文化产业向前发展的关键动力。

根据《国家"十一五"时期文化发展规划纲要》的要求，国家将文化创意产业的发展定为发展的首要任务，并且全国各大城市也纷纷推出了一系列相关的政策来支持和促进文化创意产业的进一步发展。在过去的几年中，国家政府对文化创意产业给予了高度的关注和支持，这也推动了它的迅速发展。在党的十八大报告中，文化创意产业更是被提升到了一个新的层次。

20世纪80年代以来，随着科技的不断突破和创新，许多创意得以实现，而设计也可以在产品内涵的表现及人机互动方面详加研究探讨，以满足消费者的感性需求。李世忠的观点是，文化创意产业是一个具有财富创造和发展潜力的产业。它依赖于设计师的才华、知识和技术，并通过高科技手段对文化资源进行再创新和提升，创造出具有高附加价值的产品。要想将对文化的关怀融入设计思维中，因此在设计产品时要考虑到消费者的情感和接受度。总体来说，文化创新和设计活动满足了人类的精神物质需求服务。在当前经济全球化和国际竞争越发激烈的背景下，文化创意和设计活动已经超越了单纯的理念层面，具有显著的经济效益。它有能力利用其独特的优势来传承和发扬传统文化，并依赖其丰富的文化资源快速地发展和壮大。

2. 将产业的转型和融合作为发展的重点

文化创意产业发展至今已经崭露头角，成为推动经济增长的动力。同时，其发展的规模和质量也被视为评估一个国家或地区整体实力的关键指标。国务院发布的《关于推进文化创意和设计服务与相关产业融合发展的若干意见》明确指出，推动文化创意产业的优化发展对于促进经济发展模式的转变和创新驱动模式的形成具有至关重要的作用。

（1）重视内源驱动

在全球范围内，文化创意产业的先行发展政策主要集中在对新兴产业的规划和导向方面，以及培养有助于这些新兴产业健康成长的市场结构和制度环境。这些政策在很大程度上激发了市场参与者对新兴产业的内在驱动力，促使产业自我聚集并形成有机的产业链和价值链。这些政策主要依赖于政府的内在支持、法律的规范性、市场的运作机制、行业的自我约束及企业的自主性，形成了一种协同推动的模式。

我国正积极寻求政府政策与市场机制之间的协同效应，但与国外先进国家相比，我国的产业和市场基础相对较弱。因此，在推动文化创意产业的发展过程中，我们更需要通过直接投资土地、资金和人才等资源来给予支持，尤其是直接参与文化创意园区和街区的建设和运营管理。产业和园区的发展方向、模式定位及动力来源，在很大程度上都会受到地方政府政策的影响。在过去的几年中，中国地方文化创意产业在这种推动模式的基础上取得了显著的进步，但人们也逐渐意识到，这种外部驱动方式也带来了不可持续性、盲目的扩张性和低效的运行机制等问题。因此，在某些特定区域，尤其是北京、上海、深圳和杭州等先行发展的城市，地方政府已经开始积极地推动政府职能和政策方向的转型，他们进一步加强和培育市场机制及市场主体的作用，目标是在更高的层面上激发市场的活力和主体动力，从而逐渐探索以内生动力为主导的政府与市场的协同驱动模式。

（2）重视园区运营

文化创意产业的发展主要依赖于集聚或集群化的空间形态和组织结构。在产业集聚的发展过程中，不同的国家或地区都有其独特的特点，大体上可以分为两大模式：一种是在市场机制的驱动下，各种经济实体自然聚集形成的产业群落；另一种是在地方政府的主导下，通过园区建设而形成的文化创意产业园区。后者代表了当前中国各地促进文化创意产业集中发展的核心策略。

近年来，各地区在规划建设、转型改建的过程中迅速建成了数以千计的创意产业园区，这些园区规模不等、档次不一。这些产业园区与常规的自发性形成的产业园区有所不同，它拥有清晰的空间界限、清晰的企业组织结构、明确产权划分及明确的管理实体。此类"产业园区"的根本属性是，空间和组织的"有界性"和园区在行为上体现出来的"主体性"。在一个由政府政策、市场机制、园区机构和企业主体共同组成的运营体系中，园区组织已经成为文化创意产业体系中的关键参与者，而从园区建设到园区运营优化发展，园区组织必将成为整合产业群系统资源、对文化创意产业园区潜在功能发挥及可持续发展起到促进作用的关键要素。部分文化创意产业率先发展区域的地方政府，其政策导向着力点已从园区建设转向了整合园区资源、提高质量与效能、培育市场化运营组织等，并在优化园区运营机制模式上作出有益探索与创新。

（3）重视融合发展

目前，国内外文化创意产业正在向着融合发展的路线前进，文化创意产业的潜在作用正在凸显出来，也引发了人们对融合式发展方式和功能等问题的深入理解，文化创意产业所具有的融合性已经使其不再是简单的产业现象，而是成为适应新时代新生发展的范式。它与科技的深度融合而展现出的卓越效果，与传统产业的结合为其注入了新的活力和价值，而与新兴产业的结合则使其业务形态更加丰富多彩。因此，中国发达地区率先大力发展文化创意产业，超越了过去单一的文化产业功能，对创意经济时代融合发展的理念做了进一步的推广和强化。推动文化创意产业成为地区经济的新驱动和新引擎，可以促进我国社会经济的转型升级，实现全面建成小康社会的伟大目标。

（4）重视机构协同

文化创意产业在国民经济中越来越显示出支柱的作用，也越来越显示出一个国家或者地区软实力的重要性。因为文化创意产业跟传统产业存在着较大的差异，它本质上是一种融合性产业经济形式，不光文化、创意、技术等要素应紧密结合，几乎每一个行业都要融入"创意"要素，因此"创意"制作也成为每一个产业链中重要的一环。

文化创意产业园区建设需要多方协同努力，各地区文化、传媒、出版等部门都要协通参与其中，并成为推动文化创意发展的关键力量，政府相关行政部门、经济部门也要参与其中，起到协助作用。伴随着产业园区逐渐发展成型，外延式的扩张及外源式的驱动力量开始减弱，文化创意产业也逐渐向依靠内源式驱动转变。这就要求培育系统协同机制刺激内源驱动力，从而替代原来的外源性力量，以及简单的叠加式的体制模式。因此，基于文化创意产业融合发展的属性，一些城市如北京、上海及杭州等积极在管理体制机制方面进行创新和探索，以求克服当前体制的一些弊端，目前正在逐步形成具有地方特色的管理协调机制。其中，相同点在于它们都建立了由地方党政高级领导和相关职能部门负责人共同参与的文化创意产业发展协调领导小组，并设有办公室或同类机构进行日常的统一管理和协调。不同点在于各地区主要责任部门之间任务分工和协调机制有所不同。

（二）我国文化创意产业发展途径

1. 完善我国的文化产业理论体系

2006年9月13日出台的《国家"十一五"时期文化发展规划纲要》对文化创意产业的形态和业态进行了界定，明确提出了国家发展文化创意产业的主要任务。众多学者、研究机构、政府部门及有关文化企业对于文化创意产业的研究开始逐步增加，并不断深入。学者围绕文化创意产业概念、分类、发展特征与规律，以及国家有关政策内涵与外延展开了深入研讨与严肃讨论，大量关于文化产业、创意产业及文化创意产业方面的著作和文章问世，特别是各省区市定期发布《文化产业发展蓝皮书》《中国文化产业发展报告》等。此外，西方发达国家的一些文化创意产业的报告和著作也被翻译并发表，各种典型的文化创意产业案例研究被整理成书，各种不同的观点发生了碰撞和融合，也能对我国文化创意产业的实践起到科学的理论指导作用。

理论创新引领着我国文化创意产业的蓬勃发展。以马克思精神生产理论为切入点是我国文化创意产业发展的理论根基，并在此基础上综合构建了我国文化创意产业的理论体系。中国文化创意产业理论发扬了艺术生产论的精华，同时也是在当代语境中对自己理论的一种新的发展与超越。另外，对于文化创意产业研究而言，大多数学者已达成共识，认为创意是文化产业的核与魂，重视人类、人类知识与文化对于经济社会发展的重要性，将文化创意地位与作用上升到一个重要的层面，关注人并肯定其成长，同时也是对马克思主义理论中人的全面成长与文化成长理论的坚持。

对于文化创意产业来说，在进行理论研究时，不仅要关照过去的理论成果，同时也要认真分析过去的典型的成功案例。所有理论均源于实践，广泛调研文化创意产业项目在实际操作过程中或成或败的实例，做到理论联系实际、融会贯通，在实践中学习提炼理论精髓并形成理论体系，才能为正确的文化政策制定提供了科学理论依据。现阶段，中国对文化创意产业的研究尚处在初级阶段，很多现实与理论问题有待研究解决。

一些学者主张，中国文化创意产业的理论体系建设应当基于文史哲学科，强调中国美学的内在价值，同时也应借鉴西方美学。中国文化创意产业的理论体系应当以文史哲学科为基础，用中国美学崇尚内心，以西方美学仰望星空，艺术创作是实现形式，科学技术是实现手段，用国学为往圣继绝学，史学可以知来世兴替，以西学为产业开视域，人文学科是源头活水，产业是文化创意坝基。文化创意产业理论研究是一项涉及多个学科和领域的复杂任务，包括但不限于哲学、文学、文化学、传播学、艺术学、经济学、管理学、营销学和广播影视学等。更为关键的是，中国的文化创意产业在构建理论体系时，必须考虑到中国的实际国情。"一个民族要站在科学的最高峰，就一刻也不能没有理论思维。"[1] 因此，中国的研究学者需要主动地融合各个研究领域的学科知识，与实际工作紧密结合，努力与国际标准接轨，确保理论的前沿性与实践的实用性相结合，并与全球文化创意产业的发达国家展开深入的理论交流，以避免文化研究领域的集体"沉默"。

2. 促进中国文化创意产业的发展

文化创意产业本质上追求的是经济效益，这是由其市场和产业特性所决定的。

---

[1] 陈俊忭：《大学学习导论》，四川科学技术出版社1989年版，第141页。

然而，文化创意产业不仅仅是一种经济活动，它还具有文化属性。为了实现经济效益和社会效益的统一，中国的文化创意产业需要在"产业化"和"文化化"这两个方面实现相互促进和协调发展。目前在这个阶段，文化产品出现了或者"叫好不叫座"或者"叫座不叫好"的尴尬现象。在文化创意产业的进程中，不免有一些追求短期利益的行为，对于文化资源的开发显示出了某种程度的盲目性。而且，在文化创意热潮之下，某些地区虽然也在发展文化创意产业，但并未找到合适的发展之路，使得地区优势得不到凸显，本土特色得不到发挥。还有一些地区，投入大量人力、财力和物力，忙于进行一些不实际的规划，从而导致了资源的浪费。此外，这也在很大程度上破坏了文化资源，过分追求经济收益，而忽略了文化的深层含义和基础，导致一些传统文化走向了低俗。

伴随着中国经济的迅猛、稳健和持久增长，民众的物质生活品质逐渐上升，对于精神和文化的渴求也越来越强烈，人们对于文化产品展现出了多样化和多维度的需求。因此，在文化产品和文化产业项目的开发过程中，有必要对国内外市场进行深入的调研，仔细地分析和筛选文化资源的优质部分，进行准确的定位和策划，突出其独特之处，确立明确的主体角色，塑造创新的品牌形象，并努力打造出真正意义上的文化品牌。文化是国家的基石和民族的支柱，而创新则是决定国家兴衰的关键。中国的文化创意产业发展应以创新和创意为中心，立足于本土文化，深度挖掘中国的文化资源和文化内涵。用时代和发展的视角来审视中国文化的独特性，敏感地洞察文化的发展趋势和全球文化消费的潮流，根据市场的需求来打造一些文化精品，尤其是那些具有世界知名度的文化品牌。

中国的文化创意产业的进步不应仅停留在模仿或固守传统，而应是一个不断创新和更新的过程。在这个全球化的时代，我们更应该深入挖掘和融合传统与本土文化的精华、将其与现代创作相结合，从而创造出具有鲜明民族特色和强大竞争力的文化作品。

3. 构建中国特色文化产业体系

为促进文化创意产业的持续发展，我们需要对文化资源进行深度挖掘、合理利用及加速其向文化资本的转变。中华文明拥有五千年的悠久历史，并积累了丰富的文化遗产。这些丰厚的文化财富为中国文化创意产品的制造、设计及创新带来了源源不断的创意灵感，从而赋予了中国成为文化创意产业强国的有利条件。

文化代表了一个国家和民族的历史沉淀，它是一个国家和民族的自尊和自信的精神终点。它代表了一个民族源源不断、永不枯竭的发展之泉。

构建具有中国特色的文化产业体系，既是对我国悠久文化传统的传承与发展，也是适应新时代文化需求、推动文化产业创新发展的必然要求。这一体系的构建，不仅有助于提升国家文化软实力，更能够推动经济社会的全面发展。

首先，构建中国特色文化产业体系，需要深入挖掘和传承中华优秀传统文化。中华文化源远流长，博大精深，蕴含着丰富的哲学思想、价值观念、艺术美学等元素。通过将这些传统文化元素与现代科技手段相结合，可以创作出具有时代特征、民族特色的文化产品，满足人民群众日益增长的精神文化需求。

其次，构建中国特色文化产业体系，需要注重创新和发展。在全球化背景下，文化产业已经成为国家间竞争的重要领域。因此，我们需要通过创新来推动文化产业的发展，提高文化产业的国际竞争力。这包括在内容创作、传播渠道、营销策略等方面的创新，以及加强文化产业与其他产业的融合发展，形成文化产业链和产业集群。

此外，构建中国特色文化产业体系，还需要加强政策支持和监管。政府应出台相关政策，为文化产业的发展提供有力保障。例如，加大对文化产业的资金投入，支持文化企业技术创新和品牌建设；加强文化产业法律法规建设，规范市场秩序，保护知识产权等。同时，政府还应加强对文化产业的监管，确保其健康有序发展。

从国际视角来看，中国特色文化产业体系的建设也具有重要意义。在全球化浪潮中，文化产业的国际交流与合作日益频繁。通过构建具有中国特色的文化产业体系，我们可以向世界展示中华文化的独特魅力和价值，增强国际社会对中国的了解和认同。同时，我们也可以借鉴其他国家的先进经验和技术，推动文化产业的国际化发展。

第二章 文创产品设计的内容

　　本章介绍了文创产品设计的内容，包含文化创意产品设计的构成要素、文化创意产品设计的创意表现、文化创意产品的设计方法与原则、文化创意产品设计的基本流程四个方面。

第一节　文化创意产品设计的构成

一、字体

（一）字体设计的原则

1. 简洁性

文字在我们的生活中无处不在，并且作为设计作品中重要的视觉传播语言，在设计中占据着举足轻重的地位。在进行字体设计时，应首先考虑将文字以简洁的姿态编排于版面中，使文字具有较高的辨识度。通过把握文字结构、逻辑关系等因素，并结合点、线、面等设计理念，可使版面中的文字清晰可见，让读者能够较为畅快地进行阅读。

2. 易读性

文字是日常生活中重要的记录符号和表述语言，也是不可或缺的信息传播手段。因此，文字对于视觉传达设计的重要性是不言而喻的。在对创意设计中的文字进行编排时，保证其在版面中的易读性是保证页面信息传播效率的重要因素，选用恰当的字体，并将其进行合理的设置，可以在一定程度上提高版面中文字的可读性与易读性，增强版面的形式美感。

（二）字体设计的创意

通过运用艺术性的表现手法，将设计者的艺术想象力和创造意识融入字体中，可赋予字体新的形态和感情，从而引发读者对画面空间的想象力，增加读者对画面情感的领会。特殊的创意表现手法多样，在大胆创新的同时，还要注意抓住对字体基础知识的理解，遵循字体设计的原则，把握问题的准确性，使字体在版面中进行有针对性的表达，这样才能使对象语言得到很好的传播。

1. 将文字具象化使其形象生动直观

文字的具象化是指将抽象的文字进行设计和编排，使其与图形相结合，最终以具象化的图形样式呈现在读者面前。文字的图形化能让人快速地理解和体会画面所要传达的信息内容，给人留下直观、深刻的印象。抓住文字和图形共同的属性和特征，把握好两者之间的关联性，在版面中进行合理的编排，能使画面更加有趣和生动。

2.抽象字体的使用提升版面的艺术性

与具象化的文字表现使版面内容更直观的性质相反，抽象字体的应用使版面内容丰富多变，提升版面的艺术性，同时带来自由洒脱的动感，没有任何拘束性，让读者在欣赏的时候能被画面中的艺术美感所吸引，感受到画面中的活力与灵动。

二、图形的类别与发展

（一）图形的类别

1.东方传统图形符号

东方文明，以中国传统文化为核心，重点强调"天人合一""求全思想"两个方面的内容，追求的是"形神兼备"，其设计可以体现出其主观因素在创作过程中的主导性，表现出令人惊叹的艺术想象力。

在中国古代流传下来的神话和传说故事中，龙作为一种非常神秘的动物而存在，是九种动物合而为一的"九不像"形象。龙是原始社会时期发展形成的一种图腾崇拜标志，其传说大多集中在能显能隐、能细能巨、能短能长等方面，还可以春分登天、秋分潜渊、呼风唤雨、无所不能（见图2—1）。

图2—1　故宫博物院　云起龙襄　便签

2.西方图形符号

在早期的西方文明中，人们更推崇理性思想。文艺复兴时期之前，欧洲各国的艺术形象基本上是写实性的，同东方相比其创作的视觉形象并不算丰富，图形主要按照现实需要排列在平面上的,并没有纵深的空间展示。从文艺复兴到印象派时期,艺术家们逐渐掌握透视性规律,并将其用在艺术创作中。在平面上实现三维立体的形象。这一时期的代表作有达·芬奇的名画《最后的晚餐》(见图2—2)。

图2—2 《最后的晚餐》

立体派艺术家创作中,大多利用画面的结构关系进行构图,体现画面的重叠交错的艺术美,从而造就一个跟客观现实不同的、有艺术氛围的空间。他们主张对物体从不同的方面、视角做观察和分析,来构筑一个全新的空间概念,将现代图像思维的空间范畴提升到一个新高度。

(二)图形的发展历程

在其发展历程中,图形经历了三次显著的变革。

第一次,原始社会时代,主要是将符号转变为文字形式。随着文字的诞生,符号开始展现出某种程度的标准化,并逐步演变为记录和辨识事物的关键工具。文字的存在推动了信息在特定范围内的快速传播和发展。

第二次,造纸术和印刷术的发明。纸张的出现进一步推动了文字和图像的广泛传播与使用,同时印刷技术的出现也使得视觉信息能够被大规模地复制。

第三次,摄影技术的发明及印刷术的革新。这主要依赖于19世纪的科技工业革命的变革,传播的广泛性在新技术和老技术革新中有了进一步扩展。与此同时,图形逐渐演变为一种真正具有全球影响力的语言。

随着电子技术的持续进步,高科技也进一步促进了图像的广泛传播。这种传播不仅超越了时间和空间的限制，而且传播速度极快，覆盖了全球的每一个角落，信息的接收者也已经扩展到了每一个人。

（三）现代图形特征及设计原则

1. 现代图形的特征

高质量的现代图形在其风格展现上可能有很大的差异，但也存在一些普遍的特点，这些特点可以概括为"准""奇"和"美"三个词。

第一，准。指的是传达指令要做到准确。挖掘某一概念的核心内涵，并用较为恰当的图形形象表现出来，具有直观性，传达更有力。

第二，奇。指的是图像具有创造性特征。图形要想具有吸引力，必须经过创作者精巧的构思，创造出与众不同的视觉形象。因此，优秀的图形设计作品，必须具备差异化、个性化、原创性。

第三，美。指的是图形必须具备形式和内容上的美感，有一定艺术特征。图形具有典型的审美价值，这也是它的主要优势，除去传递信息的功能之外，图形更要追求表面的艺术性特征。往往越优秀的图形作品，其在外面的视觉效果越具有美感。图形可以是简洁的，也可以是繁复的；可以是传统的，也可以是前卫的……但不论哪种图形，都需要使用生动的线条、和谐的色彩及恰当的构图来创造一个比较符合形式法则的艺术形象，并带给受众美的感受和精神情感的满足。

2. 现代图形的设计原则

现代图像具有基本的特征，以此为出发点，我们总结出来它的基本设计原则，包括以下3方面。

（1）通俗性、准确性

图形本身是一种符号，通过一定的图形形象可以传递一定的信息。因此，设计者在创作时，需要充分了解符号背后的一般社会含义，同时还要站在人的立场上，抱着尊重受众群体的心态来进行设计。

（2）创造性

所谓图形的创造性，主要指的是创造性地挖掘出图形语汇，同时在表现手法上要不断进行创新。

（3）艺术化

图形首先是要传达理性的信息，同时也要注重表现形式上的艺术化。图形需要借助不同的艺术表现形式来表达不同的风格，也可以借鉴中外优秀的表现形式和审美，这样创作出来的作品才更具时代感和文化性，同时有助于图形艺术价值的提升。

总的来说，现代图像在创意方面应该追求"意料之外的外在形式，情理之中的内在逻辑"。图形为我们带来广阔的想象空间，欣赏者可以将自身的幻想、思维、激情等注入其中，更好地将图形的意念传递给观众。

（四）图形设计的价值与意义

1. 图形具备信息传播功能

现代图形具有简洁的形象，因为这样才更容易被识别和记忆。同时，现代图形还具有超越了时间空间、地域、文化障碍的传播力，以及传播速度快、信息容量大、内容表达准确等方面的特点。由此可见，在现代化信息社会中，图形的传播能力是很难被替代的。

2. 图形语言直观，传播效率较高

语言文字具有抽象性，通过语言文字传递信息，首先要通过眼睛或者耳朵传递到人脑，人脑经过一定加工转化成某种形象，再由此做出想象和判断，因此语言文字的传播是一种理性行为。但是对于图形来说，它的传播方式具有直观性，通过眼睛进入大脑即可进行相应的判断，因此属于一种非常感性的行为。

3. 图形有潜在的商业与社会价值

图形设计是为社会、经济及文化服务的，这也是它的基本特性之一。图形通过外在形象，将一些文化理念、公众权益、商品特点等不同的信息传递给大众。

三、色彩

（一）色彩的种类

1. 原色

在颜色上无法被重新分解的基本颜色叫做原色。原色可以综合成其他颜色，但这些颜色无法恢复到原来的色彩。

原色只有三种。其中，色光三原色为红、绿、蓝；颜料三原色为品红（明亮的玫红）、黄、青（湖蓝）。色光三原色可调和出不同的颜色，而累加起来可获得白色光。颜料的三原色在理论上是可以调成别的任何颜色的，相同的颜色相加可以得到黑色。这是因为常见的颜料不仅含有色素，还包含其他化学物质，因此当两种或更多的颜料混合时，其纯度可能会受到影响。调和后色种越多，越不纯正、不明显。颜料的三原色加起来只可获得一个黑浊色而非纯净的黑色。

2. 间色

通过两种原色的调配可得到间色。间色亦仅有3种：色光三间色，即品红、黄、青（湖蓝），在一些彩色摄影书中称"补色"，即色环中互补的关系。颜料三间色为橙绿色和紫色，又叫"第二次色"。要注意，色光三间色正好为颜料三原色。这种交错关系在色光、颜料和色彩视觉之间形成了一种复杂的关联，同时也形成了丰富的色彩原理和法则。

3. 复色

颜料的两个间色或一种原色和其对应的间色（红色和绿色，黄色和紫色，蓝色和橙色）混合在一起可得到复色，也叫做"第三次色"。原色成分都包含在了复色中，区别仅是各种原色之间所占比重不同，因而形成红灰，黄灰和绿灰三种灰调色。由于三个原色的色光相加产生了白色的光，进而出现了两个结果：第一，色光中不存在复色；第二，色光中也没有灰调色。

要是两种色光间的色加在一起，只能合成淡淡的原色光。拿黄色光加青色光来说：黄色光+青色光=红色光+绿色光+绿色光+蓝色光=绿色光+白色光=亮绿色光

（二）色彩的要素构成

色彩是一种光的现象，物体的色彩是光照的结果。真正揭开色彩之谜的是英国科学家牛顿，他将透过小孔的阳光用三棱镜进行分解，产生了红、橙、黄、绿、青、蓝、紫七种颜色的光谱。

1. 色相

色相是指色彩不同的相貌。色相中以红、橙、黄、绿、紫色代表着不同特征的色彩相貌。当黄色加入白色之后，可显出不同的奶黄、麦芽黄等，但它的黄色性质不变，依然保持黄色的色相。

色相是有彩色最重要的特征，它是由色彩的物理性能决定的。由于光的波长不同，特定波长的色光就会显示特定的色彩感觉。在三棱镜的折射下，色彩的这种特性会以一种有序排列的方式体现出来，人们根据其中的规律性，便制定出色彩体系。

色相的数量并不是一个确定的数，从三棱镜中分出来的是七色，即红、橙、

黄、绿、青、蓝、紫，但每两种颜色之间并无明显的分界，而是一个渐变的过程。根据不同的研究呈现出不同的划分方法，色相有8种、20种、24种、100种等等，它们的排列根据光的波长秩序，表示的方法为"色相环"。每一种色相都有一个明确的称号，但通常总是用"深""浅"来表示，但这样是无法将几千、几万种的色彩加以区分的。因此，色彩的研究者为了科学地区分色彩，运用了各种标示的方法。

最初的基本色相为：红、橙、黄、绿、蓝、紫。在各色中间插入一个中间色，其头尾色相，按光谱顺序为：红、橙红、橙、黄橙、黄、黄绿、绿、绿蓝、蓝、蓝紫、紫。基本色相间取中间色，即得十二色相环，再进一步便是二十四色相环。在色相环的圆圈里，各彩调按不同角度排列，十二色相环每一色相间距为30°，二十四色相环每一色相间距为15°。

在国外的颜料上都有明确的色相标识，例如10pB，指的就是带紫的蓝中第10色。另外，某一种色相和黑、白、灰调和，无论产生多少种明度、纯度变化，它们都属于同一种色相。在设计中，设计师在一个色系中找到合适的色相是要仔细斟酌的，甚至在直觉选择之外还要借助理性的分析，才能做出决定。比如，红色在设计中的使用，朱红、大红、深红等各种红色之间存在相当大的差别。

2. 明度

色彩的明度也叫做光度或者深浅度，指的是色彩的明暗程度。比如，某种色彩中加入的白色越多，它的明度就越高；加入的黑色越多，它的明度就会随之降低。

在黑白色中，白色所呈现出来的明度是最高的，黑色是最低的。从白色逐渐过渡到黑色，中间会出现深浅度不同的灰色，它们从亮灰色向暗灰色过渡过程中逐渐变暗。我们将这一系列的变化，称为明度系列，也可以叫做光度、亮度系列等等。在彩色中也有着明暗的区分。比如，黄色最亮，紫黑色最暗，其他色彩居于中间亮度。

了解每种色彩的标准明度，才能够在创作中更好地使用它们。在色轮上的，依据颜色的中性明度的水平，从黑到白做了依次地排列。

3. 纯度

色彩的纯度又称饱和度，它是指色彩的鲜艳浓度和纯净度。纯度的高低决定了色彩包含标准色成分的多少。在自然界，人类视觉能辨认出有色相感的色，都具有一定程度的鲜艳度。不同的光色、空气、距离等因素，都会影响色彩的纯度。

比如，近的物体色彩纯度高，远的物体色彩纯度低；近处树木的叶子色彩是鲜艳的绿，而远处叶子则变成灰绿或蓝灰；等等。

在光色中，各单色光是最纯净的，颜料是无法达到单色光的纯净度的；在颜料中，色相环上的色彩是最纯净的，任何一种间色都会减弱其纯净度。

人的视觉所能看到的色彩，大部分不具有高纯度，即大部分颜色都含有灰。正是因为具备了纯度上的不同，色彩才的层次才更丰富。不一样的色相，明度和纯度都是不同的。例如，红色的纯度最高，黄色次之。但是绿色就不一样了，它的纯度较低，仅仅为红色的一半。进行艺术创作时，选择不同的纯度是决定一种色彩的关键。

四、编排

（一）视觉流程与编排空间构成

1. 人的视觉流程

视觉流程是指视线作用于画面空间的过程。人们在阅读版面时，一般都是由左到右、由上到下、由左上沿着弧线向右下方流动。所以，编排视觉流程是一种视觉的"空间运动"，视线随着版面的各视觉要素在空间沿着一定的轨迹进行运动，形成了一定的视觉习惯。

心理学家格式塔在研究版面规律时指出，版面在一定尺度的空间范围内，不同的部分有着不同的视觉吸引力和功能。上半部的视觉诉求力强于下半部，左侧的视觉诉求力强于右侧。版面设计不同的视域、不同的重心、不同的导向会产生不同的心理感受，如上半部给人轻松、漂浮、自在、积极向上的感觉，下半部给人稳重、消沉、低迷、压抑的感觉；左侧给人轻松、自如舒展的感觉，右侧给人束缚、紧张、局促的感觉。

设计画面与视觉元素都是静止的，而观者的视线是流动的，设计者应利用各种元素间的差异，做出有序的配置，有计划地调整视觉元素之间的综合关系，使画面获得自然严谨的视觉秩序，对信息传达次序亦能起到引领和带动作用。设计师还必须了解人类生理和心理的视觉规律，明确人们的"最佳视域""最佳视域区""最佳焦点"和普遍的"视觉流程"，这样才能设计出好的版面。编排设计应结合主题，按信息传达的具体目的来制定视觉流程，这也是版式设计的基本要求。

从种类上划分，视觉流程基本上可分为重心诱导、位置关系、导向式、形象关系、散点式五种；若从视觉顺序的角度划分，又可分为反复式与单向式两种。

（1）重心诱导流程

重心诱导流程适用于信息传达主次划分不是十分明确的主题。版式设计中的元素编排，往往将观者的视线开端含蓄地安排在版面的重心位置，这种组织方法需要在版面中配置一个在动势与方向、重心点相反的形态，从而使画面整体获得足够的视觉张力。只有这个因素存在，重心位置才会被引导和强调出来。

（2）位置关系流程

位置关系流程适用于追求单纯感的设计，它是编排设计的常规技巧，清晰而有条理，在视觉浏览方向上强调秩序性，如上下、左右或对角关系的顺序关照。它往往利用人的自然视线过程组织画面，引导视线逐点向既定方向前进。

（3）导向式流程

由潜在（虚示）或显在（明指）骨骼引导的视觉流程，转化为视觉元素间的组合关系主要有两种：以连接的形态引导出视觉主体和以分离但相互呼应的形态（动作、姿势或眼神）引导出视觉主体。

（4）形象关系流程

形象关系流程所使用的形式手段，是利用形象吸引力分清主次秩序。在对视觉元素的布局安排上，主要以点、面的对比关系衬托视觉主体，而面通常是背景，是画面的底层，点则是画面的视觉主体，处于前层。面与点的存在关系具有两方面的价值。一方面，以形式的手段加强视觉主体，从而达到更为有效的信息传递，面与点之间往往存在明度、色彩、大小、虚实的对比关系，并以此将点衬托出来。另一方面，从设计创意的角度看，面是设计所营造的整体情境，是氛围的载体，而处于其中的点，则被这个面烘托和包裹，使主题印象得以深化，形成一个更加有力的信息传达的整体。

（5）散点式流程

散点式流程应用于视觉元素多样且需同时展示的设计。比如，需要将产品做全景式展示的商品广告，通过散点式构图可以营造丰富充实的品牌印象，从而增强人们的购买欲望。

（6）反复式流程

反复式视觉流程是将视觉元素较为平均地散布，或是将其导入一个视觉循环系统，在视线游走的过程中，对设计元素进行反复关照。这类视觉样式多被应用于将视觉元素并列展示的设计（如散点式流程），或是画面具有强劲动势及视觉张力的设计中（如重心流程）。

（7）单向式流程

单向式视觉流程是指版式设计中的强势诱导因素占据主动态势，逐步推出视觉主体的设计手法。比如，位置关系、形象关系及导向式的视觉流程，都是按照既定顺序将视觉传达的主体加以突出的，视线的流动过程也是以单向秩序为主的。

2. 编排空间构成

编排设计的版面通过空间分隔可将各种信息按照功能、逻辑有序地组合和分列。对版面空间构成的把握主要反映在理性化的分隔、感性化的分隔及虚实空间三方面。

（1）理性化的分隔

理性化的分隔最常见的表现为网格设计。网格设计又称网格系统，是国际上普遍使用的一种编排构成方式。它是在版面确定好比例的格子中分配文字和图片，重视版面的连续性、清晰度，给人以整体、严谨的秩序感，这种方式广泛应用于各种书籍、杂志和样本设计中。

（2）感性化的分隔

感性化的分隔打破了网格设计严谨的分隔方式，是按照设计者的感受来界定版面区域划分的编排构成方式。版面空间中信息的主次顺序、形象之间的平衡关系主要通过直觉来处理，通过自由的编排方式来表现设计者的创意。

（3）虚实空间

虚空间是针对占据版面形体的实空间而言的，这个空间因表现形体之外或形体之后的背景而往往被人忽略。然而，虚空间与实空间具有同等重要的意义。若没有虚空间的衬托，人的视觉就无法集中。留白是虚空间的特殊表现手法，如果把空白当作实体，把文字和图当空白，就会发现空白的形状和衔接方式、大小、比例、方向等决定着版面的设计质量和深度。可见，编排设计中虚实空间的处理，是为了更好地烘托主题、渲染气氛。虚实处理得当，会使主题鲜明突出，给观者留下联想的空间。

留白以它白色空间的单纯及感染力提升整体画面的审美意境、人文气息，留白较之于满版的设计编排更加具有人文气息，使画面产生有序、沉静、沁人心脾的澄澈之美。

（二）编排的形式

1. 标准型

标准型图在版面上端，然后是标题，最后是广告文和商标字体。它是基本、简单的编排形式，很容易引起人们的注意，进而引导读者阅读。

2. 对称型

在编排的形式中，对称型较为常见，一般以追求完整、匀称、严肃、庄重、大方为美学准则。

3. 图片左、右置型

这种设计一般采用图形左（右）放置，留出空间给中英文字体，字体采用对比的手法。这种手法视觉流程清晰，便于阅读。

4. 重复型

视觉元素与信息元素多次重复出现，吸引消费者，有使整个画面统一的功效，在书籍、简介、说明书的版面设计中应用较多。

5. 自由型

自由型主要指设计不拘泥于形式，编排活泼，如报纸版面、连环画或杂志读物、路牌广告等常采用这种方法。

6. 中轴型

标题、广告文、图片与商标字体交互放在轴线的两边，此型较为冷静，有平衡感，未必一定用线条来表示，也可利用中间的空隙，作为此型轴心。

7. 四点型

布图时均有一单元与画面的四边接触，一个单元碰到另一个单元边，而其他的各边由其他单元去接触，画面生动、醒目。

8. 文字型

文字型，顾名思义就是以字体为主的编排形式。

9. 上下横跨型

标题或图片开始往下延伸，广告文、字体或其他单元横跨右边缘，此型既稳健又值得重视，易引起读者的兴趣。

10. 字图型

图形排列成字体，并将设计物的各单元排列成字体形式。

11. 指示型

指示型是指图形或者图表指向广告内容。

(三) 骨骼

构图第一步通常是分割画面。分割画面往往是为了更合理地安排各视觉要素在画面中的位置，前文中所讲的对称能看作是等形分割，平衡则属于自由分割。

在很多设计中都存在"骨骼"，骨骼所管辖的是设计中的形象位置，还支配整个设计的秩序。

1. 规律性骨骼

规律性骨骼通常是采用比较精密的数学方式所构成的，如重复、渐变、发射等。规律性的骨骼把空间分成相同或者相互关联的若干个空间单位，使形象编排出现十分强烈的秩序；也可以把某些骨骼单位加以合并，造成大小完全不同的变化形式，因为比例关系的存在，设计过程中仍然存在着十分严谨的规律之美。例如，报纸的排版，先划分出几个基本栏，在编排的过程中，有时是通栏的，有时则把基本栏划分成更小的单位。

比较常见的规律性骨骼主要包括重复、渐变、发射等。

（1）重复

重复是指相同的形象连续地、有规律地反复排列出现。重复的形象在视觉上反映为整齐一律、单纯统一，让人产生深刻的印象，但是由于重复具有极强的规律性，如果在设计中处理不当就会产生呆板乏味的机械感。

（2）渐变

渐变也称渐移，它是以相近的基本形或骨骼，渐次地、循序渐进地逐步变化，使构成的变化符合逻辑，进而呈现出一种有阶段性的、调和的秩序。

在设计中，渐变也是重复构成的一种特殊形式，它的美不仅体现在形态的渐次变化上，还能让人感受到空间、时间、距离、数量等意义。

①基本形的渐变，是指基本形按照一定的规律，使其在形状、方向、大小、位置、色彩等方面发生渐次变化。

第一，形状渐变：由一个形象逐渐变化成为另一个形象的渐变称为形状渐变。形状渐变是渐变中形象变化最大的，可以由简单到复杂、由具象到抽象、由完整到残缺、由此形到彼形等等。

第二，方向渐变：将基本形作方向、角度的序列变化，会使画面产生起伏变化，增强立体感和空间感。

第三，大小渐变：指基本形的面积从始至终由大到小或由小到大渐次排列，给人以较强的空间感和运动感。

第四，位置渐变：基本形在构成骨骼中的位置发生变化，使基本形在变化中不够完整，并由此产生运动的视觉效果，表现出强烈的节奏感、韵律感。

第五，色彩渐变：同一基本形在色相、明度或纯度上产生变化，进行渐变推移，构成一定轻重变化的视觉效果，增强构成形式的感染力。

②骨骼渐变，是指骨骼单位的间距、形状、大小按一定比例渐变，骨骼的变化不是重复形式，而是有规律地在宽窄、方向、疏密等形式上渐次变化，从而使基本形依次而变。

第一，单元渐变：只有一组骨骼线做逐渐加宽或缩窄的渐变，其他组骨骼线重复排列。

第二，等级渐变：将骨骼作竖向或横向整齐错位移动，产生一种梯形变化。

第三，双元渐变：两组骨骼线同时渐变。

第四，折线渐变：将竖的或横的骨骼线弯曲或弯折。

第五，联合渐变：将骨骼渐变的几种形式互相合并使用，构成较复杂的骨骼单位。

③自由形渐变，即基本形和骨骼依照一定规则发生渐变构成形式上的多种多样，此类型的渐变形式在立意、构思上颇具挑战性，充分考虑了基本形和骨骼变化的度。例如：当骨骼渐变时，基本形的变化要简洁，符合骨骼渐变的要求，反之亦然。自由形渐变的构成形式有利于突出设计个性，赋予构成设计极大的空间。

（3）发射

发射构成说是指重复、渐变是基础，在此基础上形和骨骼围绕着一定的中心或者向外扩散，或者向内聚集。

发射是一种特殊形式，它的形成是依靠有序的、规律性的变动而形成的。近发射中心的部分空间形较挤，远发射中心部分则宽绰，形成较强烈的视觉吸引力，易表达较强的节奏感和动感。

①离心式发射，它是指发射点一般在画面的中心，基本形由中心向外扩散的构成形式。它有向外运动之感，是运用较多的一种发射形式。离心式发射有直线发射和曲线发射等不同的表现形式。直线发射就是从发射中心，以直线向外放射扩散的构成，其中包括单纯性构成和复合式构成。直线发射构成的形象使人感到射线强而有力，有如闪电式的效果。曲线发射由于发射线方向的渐次变化，其线的变化使人感到柔和、变化多样，有一种旋转运动的效果。

②向心式发射，这是与离心式相反方向的发射骨骼，其发射点在外部，从周围向中心发射的一种构成形式。

③多心式发射，它指基本形以多个中心为发射点，形成丰富的发射集团。它往往有一个主要发射点，辅以其他次要发射点，主发射中心依靠发射骨骼线同其他次要的发射点相连接，构成紧密的联系，使画面产生强烈的动感，构成极强的空间视觉效果。

④同心式发射，这种构成指以某个发射点为中心，发射骨骼线成封闭的环状。

⑤移心式发射，这种构成形式是多心式发射构成的特殊形式。它的发射点根据图形的需要，按照一定的动势，有秩序地渐次移动位置，形成有规则的变化。它能表现出较强的空间感并具有曲面的效果。

⑥螺旋式发射，它是指以螺旋式的发射骨骼和与之相适应的基本形所构成的发射形式，旋转的基本形逐渐扩大，产生视觉的运动和变化，其构成形式生动、活泼。

（4）近似

近似是指形象之间不是完全一样，而是在某些因素上有共同的特征，因此表现出统一而生动的效果。近似的程度有很大的灵活性，相同的因素越多，效果就越统一，反之则产生的对比效果越强。近似与重复相比较，重复容易使画面产生统一感，而近似可以在统一中求变化。生活中这样的规律很常见，海滩上的石子大多相似，但不可能绝对相同。

近似构成手法比较灵活、多变，富有较强的趣味性，它不像重复构成那样机械、严谨，而是更加生动活泼。近似构成要注意求大同、存小异，即大部分因素相同，小部分相异，能取得既统一又富于变化的观感。

形状的变化要把握一定的限度，变化较小会与重复构成相同，变化太大则无近似美感，产生杂乱、不完整的视觉效果。

近似在设计中的应用较重复相比比较常见，其具有重复的统一感，局部又有变化，容易产生协调又富于变化的视觉整体形象。

有时候几种形式是放在一起使用的。例如，在重复的骨骼中放上一些渐变的形状，或者是同心发射和离心发射放到一起使用等。

半规律性的骨骼通常属于在规律性骨骼基础上稍作轻微不规则的变化。有时候其形态或者色彩的形成发生突变，造成非常强烈的对比，有时候则三五成群、斑斑点点，画面活泼有趣。

2. 非规律骨骼

非规律性的骨骼通常没有骨骼线，形象的编排大都十分自由，如均衡、各种形式的密集等。所有骨骼都可以是有作用性的或无作用性的。

（1）无作用性的骨骼

无作用性的骨骼通常属于纯粹概念上的骨骼线，这些骨骼线能够很好地引导形象的编排，不会影响它们的形状，也不会把空间分割成为不同的互相独立的空间单位。

（2）有作用性的骨骼

有作用性的骨骼除了具有无作用性骨骼的作用之外，还能够通过色彩或者图形的变化让相邻的骨骼单位形成完全不同的空间，如正负颠倒或者色彩的变化等。

（四）美学表达

1. 对称与均衡

（1）对称

对称是人类最熟悉的表现形式之一，不管是大自然中本来存在的动物、植物叶子，还是人类创造出来的建筑、器皿等，很大程度上都是对称的。

回顾一下中国古代的建筑造型，那些非常壮丽的宫殿、恢宏的庙宇，全都严格地遵循了对称的基本规律。古希腊、古罗马时期的建筑，同样也是以对称为主。因为对称的这一形式能够透露出来一种十分威严的气势，其庄重的氛围、严谨的风格是其他任何形式都不能比拟的。

在平面设计中，对称形式会用在一些大型的活动主题或者相对比较重要的场合之中，如报纸中比较严肃的新闻编排设计，字典等一些常见工具书的设计。

对称的图形通常具有一种统一、大方、协调、安定的静态美感，但是也有一些相对单调、呆板的缺点，因此适度的变化是很有必要的。在设计过程中使中心适度偏移或者在对称双方在形状、色彩、大小等多个方面上稍加变动，可以形成一种既端庄大方又富有变化的构图——相对对称。

在视觉传达设计过程中，更多的是采用"相对对称"的形式。"相对对称"能够允许出现更多的变化，在视觉元素中出现的形状、大小、色彩、肌理等多个方面，关系元素中出现的位置、方向、重心等很多方面都能够作适当的变化。等形不等量、等形不等色、等色不等形，或者是位置、方向、重心稍作偏移等，都能够很好地获得完美的"相对对称"的构图。这种感觉上的"对称"不同于"实质性对称"，不仅具有稳定大方的特征，还富有变化，因此成为广告、报纸、书籍封面设计最常用的一种形式。

（2）均衡

均衡在严谨的风格之中求得突破与变化，更加符合人们追求进步和更新、灵活和进取的现代审美观点，中国的建筑、产品造型、雕塑等都在一定意义上达到了物理意义上的均衡。而在平面造型的艺术设计过程中，其属于一种心理层面的均衡，即幻觉层面的均衡。

均衡往往是通过整体性、综合性才能够得到的，这种均衡的能力是一个设计师必须具备的基本素质。基础训练过程中的大量练习（主要包括素描、彩画、速写等）对均衡能力的把握是十分必要的。一开始慢一点儿寻找，反复进行练习之后，眼睛就会变得越来越敏锐，在极短的时间之内就可以发现画面存在的问题，进而把它调整好。

2. 节奏与韵律

节奏原本是指在音乐中音响的节拍变化符合一定的规律，而在视觉传达设计中则主要指变化中一系列视觉要素遵循一定的条理与秩序，而不断进行重复排列，以此而形成律动的形式。有规律与重复是节奏能够产生的一个必要条件。在视觉传达中，节奏的运用能够极大地增强画面的视觉效应，充分加强作品的时间性概念，进而产生一种纵深感与哲理性；对视觉和构成形态能够构成多次重复，最终很好地帮助作者表达出设计的意图。节奏属于典型的秩序，节奏之美就属于秩序之美。

人们在努力追求一种秩序、创造秩序，并且将美的秩序转化成为可见的视觉形象。随着人们审美能力的不断提高，设计逐渐变得更加重要，艺术设计美学的原则也变得更为复杂，但是也能够更加充分地体现出人类对于秩序之美的探索和应用。

节奏这一非常具有时间感的用语在构成设计的时候，主要是指采用同一种视觉要素连续重复时所形成的运动感。重复与节奏通常是不可分割的，因为节奏是重复的结果。视觉单元上的间接重复往往是把画面的各部分进行连接，组合成为一个统一的整体，进而形成节奏之感。在造型艺术的设计过程中，节奏感一般能表现出形象的排列与组织动势，从大到小，再从小到大；由曲到直，再由直到曲等排列，都会形成典型的节奏。

3. 对比与统一

对比可以很好地提高设计的冲击力与注目度。在运用对比的过程中，一定要充分注意画面中的某些因素具有统一其他因素的作用，以便减少各种因素之间存在的不必要的竞争关系。通常而言，达到统一主要分为两种形式：一种主要是以多数驾驭少数而达成的统一；另一种主要是以一种特异而引人注目的，产生可以控制整个画面的重要作用而具有典型的统一感。这两种方法不一定是相互消解的，有时也可能是相辅相成的。在设计过程中，始终都是以整体的视野进行观察，寻找造型的类同要素，并且有序地组织，以便获得一种统一的观感。在平面设计过程中，我们不仅需要依靠对比的原理激发作品的生命活力，还需要适宜的统一性让作品获得和谐的照应。因此，绝对的对比会把统一当作求得和谐过程中的支柱和前提。

在设计构成中存在的各要素，包括形态、色彩、质地、空间等，相互之间的关系都非常协调时，我们就能够充分感受到作品的高度统一。对设计而言，各种美感要素之间需要遵循的统一原理是非常多的。统一是一种富有秩序的安排，也是设计对整体美感进行把握的重要方法与意图。

统一原理基本上是同和谐紧密相关的。在设计表现过程中强调统一的相对性存在着极为重要的美学意义，就像古希腊哲学家赫拉克利特所说："自然是由联合对立物造成最初和谐的，而不是由联合同类的东西。艺术同样也是这样造成和谐的。"① 由此可见，统一通常会构成和谐的关系，但是和谐则需要产生差异的对立。平面设计过程中的统一原理往往是以一种相对立的原理作为其基本的前提，进一步追求作品的统一就是追求对比之中的和谐关系。

4. 色彩与肌理

（1）色彩

①色彩表现。色彩通常是视觉传达设计过程中一个十分重要的因素，色相、明度、纯度是人们认识它的极为重要的三个尺度，而对比则属于色彩美学中的核心要素。在视觉传达设计过程之中，所有的色彩必须在一个较为统一的整体中相配，才可以进一步形成一种既对立又相对比较和谐的色彩体系，这样的色彩魅力通过对比才能够真正显现出来。换言之，和谐实际上是以对比作为主要尺度的，而对比往往也以和谐为限度。由此可知，视觉传达过程中的配色规律，实际上也会相应地遵循这种法则。

一则广告，或是比较倾向于温暖，或是比较倾向于明朗活泼等，这些色彩倾向的形成，都是由于不同的色彩给人们产生不同的印象，进而产生总体的印象。总体的色彩运用如果做好的话，对于广告主题具有极大的烘托作用，能让消费者

---

① 刘洋：《视觉传达设计的要素分析与创意整合》，新华出版社2019年版，第89页。

更容易接受。在设计过程中，我们首先需要考虑的就是产品内容与消费者对不同色彩的喜恶，以此去决定色彩的总体配置情况。例如，少儿产品，选用的色彩对比度应比较大，同时色彩的纯度要高；对于老年人产品而言，其色彩选择应该是造型比较稳重，色调相对柔和。

虽然视觉传达设计大多是多色的组合，但是想要达到总体的效果，就必须有一种颜色作为主色，否则就会显得比较乱，对视觉的冲击力也很低。当然，创造出一个比较理想的色彩效果，其关键就在于对色彩选择和配置方面的运用。

主体和背景之间的关系其实是既矛盾又统一的。在画面中，不仅要有商品主体的形象，同时还要有衬托作用的背景设计。在色彩关系的处理过程中，运用对比的手法还是比较多的。

②色彩平衡。色彩通常具有浓淡、强弱、轻重等多种视觉感，这对于色彩面积的大小起决定性作用。位置的高低往往可以取得视觉层面上的相互平衡。一般来看，暖色、彩度相对比较高的颜色和冷色、浊色形成一种典型的对比关系时，面积越小，就会越容易获得一种视觉层面的平衡。

③色彩的亮点，通常是为了进一步强调其中的某个部分，它可以更加突出画面的重点部分，发挥出色彩的视觉冲击作用。亮点一般都是采用一种相对比较小的面积。

④色彩感情规律。色彩可以表现出人的感情，这在现代社会这已经是一个不争的事实了。不可否认的一点是，色彩的情感表现在很大程度上是依靠人的联想来进一步获得的。色彩的象征其实就是色彩联想和情感的深层作用形成的结果，如红色主要代表热情、火焰，而绿色往往代表和平、健康等。虽然上述色彩所代表的是不同的象征，但代表具有普遍性，同时还处于持续不断的变化之中。只有充分利用色彩的象征，才可充分发挥出其比较重要的作用。

（2）肌理

肌理是设计中的视觉元素之一。本书所讨论的很多问题也常提及这个视觉元素，它在设计中具有重要的意义。

任何形象的表面，都有其特征，它或是光滑的，或是粗糙的，或是纹理朴素，或是具装饰性的。凭视觉可看见的，称为视觉肌理；从触觉感应的，称为触觉肌理。

①肌理的种类。在视觉传达领域，有越来越多的肌理表现手法获得了很好的应用。从总体上来看，它可以分为两大类型，也就是视觉肌理与触觉肌理。

第一，视觉肌理。通常指不需要用手进行触摸，也无需使用身体的其他肌肤部位接触，只需要使用视觉观察就可以很好地感觉到的肌理形式。一般来看，不同的肌理具有不同的线条组织进行表达。因此，要依据想要表现的物品具有的不同肌理、质感等，有针对性地选择表现工具、材料和表现方法。

第二，触觉肌理。是指既能够使用眼睛观察到，同时还可以用手去触摸到的。其设计的效果大体上相当于立体设计过程中的浅浮雕。不管采用哪种设计，表面上的物质都可以很好地制作出一种带有触觉肌理的视觉效果。

②肌理的产生。

第一，物质结构与肌理。物质的内部构造和组织构成了物质的表面肌理，物质内在的属性及客观性同样也进一步决定了物质肌理的不同形态。物质的组织和结构，经历了从无机到有机、由简单到复杂、由单一细胞到多种复杂物种变化的发展过程，这些组织和构造的变化结果同样也能够直接体现于物质表面的肌理上。生物界的肌理同样也是其组织在形态层面的一次直接反映，生物的细胞组织及基因和遗传创造出了肌理的形态。在自然界之中，肌理是自然选择的直接结果。植物肌理的产生也有其自身的生存方式，如花与叶子上同样布满曲线茎脉，这是为了能够吸收养料而形成的。地质面貌的肌理是由于气候条件的影响而造成的，如热带雨林气候温暖潮湿，土壤和植被十分丰富，所以呈现出来的是一种繁复细密的肌理；而沙漠气候比较炎热干燥，土壤非常稀少，没有办法储藏住水分，呈现出的是一种十分苍凉的肌理。

第二，外力的作用与肌理。物体在遭受外力作用的前提下，能够呈现出各种完全不同的肌理形式，其主要包括由自然力所形成的肌理、物理与化学变化所形成的肌理、人为创造出来的肌理等形式。物体在遭受外界自然力作用（如风、雨、阳光等）的过程中，会出现形态方面的变化，进而导致肌理发生显著的变化。物理与化学的作用同样也可以导致物体出现肌理上的变化，不但自然界中的物体能够通过物理或者化学作用形成各种各样的肌理，在人工材料的处理上同样也能够出现物理或者化学变化形成的各种各样的肌理形式。人为作用通常是指通过人直接或者使用各种工具所产生的各种肌理上的变化。

③肌理的拼合，是指将多个视觉纹理拼合在一起，是拼贴的基本手法。拼贴是可直接求得视觉肌理的一种方法，任何平面物料或现成意象，都可以拼贴在同一表面上，构成新的意象，这种手法叫集拼。覆叠性的集拼往往是把不透明的意象叠合为一体，但是当意象在透明空间中进行层叠的时候，就会产生一种比较复杂的视觉效果。

第二节　文化创意产品设计的创意表现

一、文化表现

文化是一种每个人都很熟悉的概念，存在于社会生活的方方面面。文化似乎离我们很远，一些有形的物体，如"苹果"我们在现实中可找到对应物。但是文化却是无形的，找不到对应物。我们甚至不能找出关于文化的属性，虽然北京故宫、陕西兵马俑、东西方的节日都是文化的一种。但是，文化并非一种集合名词。

在英文中，文化表达为"culture"，指培育、种植的意思，暗指脱离原始状态。而在中国，文化则是指"人文教化"，更侧重于用共同的语言文字来规范群体的精神活动和物质活动，将其进行传承、传播并得到认同的过程。如上所述，文化主要包括器物、制度和观念三个层面。而文化创意产品正是通过器物来体现制度和观念，文化创意产品是对现代主义设计和产品发展到极致，进而形成千篇一律的国际风格的一种反对，产品的国际风格使整个世界呈现出高度的一致性，世界各地区固有的文化及生活方式正在逐渐消失。而地域文化和某一地区的群众的生活方式，都是长时间积淀的产物，它是历史的"记忆"，也体现出文化的脉络。因此，各地区开始重新审视本地的地域文化，试图研究它和世界文化的关系，开始注重研究本地区、民族的社会文化存在的意义，并且在进行产品创作时将其融入其中。

文化创意产品中的文化重点体现在两方面，一是纵向的历史性文化延续，也就是所谓的文脉。文学上所谓的"上下文"，在语言学中被称作"语境"。更广泛的意义引申为一事物在时间上与其他事物的关系。在设计中，刘先觉先生将其译作"文脉"，更多地理解为文化上的脉络，强调文化的承启关系。二是横向的区域性文化传承。20世纪后半叶，很多设计公司开始从社会学科中寻找信息和方法，以找到用户与产品的联系，在产品中反映出特定区域相似的社会环境、文化背景、知识体系和生活经验等，使产品能够传承特定区域的文化。

二、创意表现

当今社会是一个不断革新的社会，体现在社会信息、知识经济及文化产业等方面。在过去，人类通过体力劳动来创造财富，而如今，人类通过脑力劳动来创造财富。文化信息、知识等都是脑力劳动时代的新生产资料，同时人类的创意是经济前进的主要动力。在这样的大背景下，文化创意产品应运而生，其中创意成为其中的关键因素。

在英文中，代表创意的单词有"creat"和"creativity"，意思是原创性的；可见创意代表的是创造新事物的理念和方法。就文化创意产品来说，创意是在原有文化基础上产生的一种新思维、新观点，并创作出新的文化产品，以满足消费者的精神和文化需要。因此，文化创意产品中的文化并非简单地照搬、照抄，它有一定的经济意识，在这样的前提下对传统文化进行一种再创造，使之更加适应当今社会的审美和生活方式。

文化创意产品就是通过有意识的"创意"，在产品中融入文化要素，并兼顾其实用功能。我们所说的创意并不同于产品设计中的创意，它更倾向于对文化的再创造。在文化创意产品中，创意的作用不只是使产品更具实用性，同时也要将创作者的灵感巧妙地设计体现在产品中，创作出来的产品不但具有实用性，还能增加人们生活的乐趣，舒缓工作生活中的压力。

创意并非凭空想象，它是有一定的来源的，主要来自三方面。

一是从生活中来。创作者从自身经历、听别人诉说故事、根据网络资料等等，对生活做出一定的想象和理解。这些都是文化创意产品中创意的重要来源。

二是从社会中来。不同的个体共同组成了社会这个大家庭，社会本身所形成的主流价值观、风气、固定印象等也会影响个人。不同的社会阶层对文化创意产品会有不同的选择，所以文化创意产品的创意建立在对社会的理解和认知之上，并熟知社会阶层的爱好和选择。

三是从历史、地域中来。不同时期、不同地域都有着独特的文化。这种文化表现在自然地理、风土人情等方面，也存在于流传下来的信仰、神话传说中。

三、体验表现

文化创意产品不但包括有形的外在价值，还包括隐含的体验价值。比如，绘画作品除了能够令人产生观感愉悦，还可以令体验者获得某种心理慰藉。而所获得的体验感受，因为个人经历不同感受也不同。所以，体验感具有两个特点，一是潜在性，二是不确定性。也恰好因为体验感是不确定的，文化创意产品才独具魅力。文化创意产品的体验表现是指用户在使用产品过程中建立起来的纯主观感受，主要体现在以下几个方面。

（一）视觉冲击

视觉冲击是激发文化创意产品体验要素的首要环节，现今的设计越来越强调逻辑、科学和抽象的造型叙事表达，却忘记了通过视觉冲击来刺激大脑皮层，进而引发联想，产生相关的体验。

（二）功能自然

自然物天生拥有功能性。比如，水具有流动性和液态性两大自然属性；树叶则天然具有光合作用的功能。文化创意产品的功能性要遵循自然法则，根据人在自然界中的"人-物"关系对文化展开创意。

四、符号表现

象征指的是，将某种抽象概念和思想感情用具体的事物表达出来。人们常常使用象征符号来表达某种抽象概念。象征性的符号的诞生，使人类和动物有了本质区别。当人类社会进入传播时代，报纸、杂志、广播电视等众多传媒方式运用先进的技术和手段，使大众传播更迅速便捷，象征符号在我们的生活中无处不在。例如，一件蜘蛛侠的衣服被穿在身上，不仅具有衣服本身的功能，它还是一种文化符号，表达了对电影《蜘蛛侠》的喜爱。

文化创意产品，作为文化产业的璀璨明珠，其核心价值在于其独特的符号性。这种符号性不仅体现在产品的外在形态上，更深入地渗透于产品的文化内涵和精神内核中。

文化创意产品的符号性首先体现在其视觉呈现上。设计师们通过巧妙的构思和精湛的手艺，将传统文化元素与现代审美理念相融合，创造出既具传统韵味又不失现代感的产品形象。这些形象往往富有象征意义，能够引起消费者的共鸣，进而激发其购买欲望。

此外，文化创意产品的符号性还体现在其所承载的文化内涵上。每一件文化创意产品都是对传统文化的一种传承和创新，它们通过独特的设计语言和表现形式，将传统文化的精髓和魅力展现得淋漓尽致。消费者在欣赏和使用这些产品的过程中，不仅能够感受到传统文化的韵味，还能够领略到现代文明的魅力，从而实现文化的传承与发展。

更重要的是，文化创意产品的符号性还体现在其精神内核上。这些产品往往蕴含着一种积极向上的精神力量，能够激励人们追求美好的生活、探索未知的领域。它们所传递的价值观和文化理念，不仅有助于提升消费者的文化素养和审美能力，还能够引领社会风尚，推动社会进步。文化创意产品具有符号性，通常具有三方面的意义。

（一）对于流行审美文化的符号表达

文化创意产品既承载了深厚的文化内涵，又展现了独特的艺术魅力。它们以多样化的形式出现，融入人们的日常生活中，成为传播和展示流行审美文化的重要载体。

在当下这个多元化、个性化的时代，文化创意产品越来越受到人们的关注和喜爱。它们通过富有创意的设计，将传统文化与现代审美相结合，打造出独具特色的艺术形象。这些产品不仅具有实用功能，更能够满足人们的审美需求，成为生活中不可或缺的一部分。

文化创意产品所表达的流行审美文化符号，既是对传统文化的传承和发扬，也是对现代审美观念的体现和引领。它们通过符号化的表达，将复杂的文化内涵转化为直观、生动的形象，使人们在欣赏和使用产品的同时，能够感受到文化的魅力和价值。

（二）对于消费者自身文化符号认同的表达

在现今这个信息爆炸、物质充裕的时代，消费者越来越注重产品的文化内涵和精神价值。文化创意产品通过巧妙地融入传统文化元素和现代设计理念，满足了人们对于个性化和差异化的需求，使得每一件产品都成为独一无二的艺术品。

文化创意产品以其独特的魅力，吸引着越来越多的消费者。它们不仅具有实用性，更蕴含着深厚的文化底蕴和艺术价值。无论是传统的手工艺品，还是现代的创意设计，都能够在文化创意产品中找到自己的影子。这些产品不仅满足了人们的日常生活需求，更成为人们展示自己个性和品位的重要载体。

同时，文化创意产品也在推动着文化的发展和传承。通过创意设计和创新表达，它们将传统文化元素与现代审美观念相结合，使得传统文化焕发出新的生机和活力。这不仅有助于文化的传承和发展，更能够激发人们的文化自觉和文化自信，推动社会文化的进步和繁荣。

因此，文化创意产品不仅仅是一种商品，更是一种文化的载体和精神的象征。它们通过独特的文化内涵和艺术价值，满足了人们对于个性化和差异化的追求，同时也在推动着文化的发展和传承。在未来的发展中，文化创意产品将继续发挥重要作用，为人们带来更加丰富多彩的文化体验和精神享受。

（三）对于历史文化、流行文化或是某种特定文化的符号表达

文化创意产品，不仅仅是对文化的简单复制和再现，更是对文化精髓的提炼与再创新。这些产品往往承载着深厚的文化底蕴，同时也融入了现代设计理念和时尚元素，让人们在欣赏和使用的过程中，能够深刻感受到文化的魅力和时代的脉搏。

在当今社会，文化创意产品已经成为一种重要的文化输出方式。它们通过独特的设计和创意，将文化元素转化为具有实用价值和审美价值的商品，进而在市场中传播和弘扬文化。无论是传统的手工艺品，还是现代的文化创意衍生品，它们都能够在不同程度上反映出一种文化的内涵和特色。

同时，文化创意产品也是推动文化产业发展的重要力量。通过创意设计和市场营销等手段，这些产品能够吸引更多的消费者关注和购买，进而促进文化产业的繁荣和发展。在全球化的大背景下，文化创意产品还能够帮助不同文化之间的交流与融合，增进各国人民之间的了解和友谊。

未来，随着科技的进步和人们审美水平的提高，文化创意产品将会呈现出更加多样化和个性化的特点。设计师们将不断探索新的创意表达方式，将更多元化的文化元素融入产品中，为人们带来更加丰富多彩的文化体验。同时，政府和企业也将加大对文化创意产业的支持和投入，为文化创意产品的创新和发展提供更加有力的保障。

五、审美表达

"美"的形式有很多，是一种感官上的愉悦和生理满足，也是个人偏好和趣味流露。对于文化创意产品来说，更偏重于后者。当人类的物质和文化生活水平得到满足之后，就会有目的地追求"真、善、美"。人类对美好精神的追求始终是感性的，不再是基于物质的理性判断，而是真正回到了对生命价值及自我价值追求的精神层面上来。文化创意产品的审美要素主要包含以下三个方面。

（一）形式艺术美

文化创意产品的审美是感性的。由点、线、体、色彩等构成了文化创意产品的形式，这些形式构成关系的艺术性能够与观者内心深处的节奏、韵律、比例、尺度、对称、均衡、对比、协调、变化、统一等形成一种同构关系，这种直观感受与内心情感的同构产生移情，从而与消费者的趣味与审美理想相融合。

（二）功能材料美

文化创意产品的审美离不开功能材料的合目的性，文化创意产品的功能材料美是产品给人的舒适感和心理满足，这里的功能材料美就与产品的功能实用性等物质层面相区别，是一种审美价值的表现。

（三）文化生态美

文化生态美一方面体现在人和自然的和谐，另一方面体现在生活方式和社会生活脉络上。文化创意产品所提倡的文化生态美，其实是人们对传统文化的认同和向往。这是因为，现代社会生活中人们工作和生活压力大，有时会觉得身心俱疲。这样的情况下，人们对田园牧歌式的生活更向往，渴望在审美中获得精神和心灵的归属。

第三节 文化创意产品的设计方法与原则

一、文化创意产品的设计方法

（一）以功能为主的设计

一般情况下，一件产品有多重功能，并不仅仅只具备一种功能。因此，在产品设计的过程中，最关键的部分就在于对产品功能，以及这些功能之间的关系的安排。实用性设计指的就是以实用功能为主要功能的设计。

包豪斯在一百多年前就提出了实用主义与功能主义，以满足生活与大工业生产的需求。产品是否可以作为人们为达成某种目的的工具就是产品实用功能的主要体现方式，如手机是远程交流的工具，电动车是人们的代步工具，等等。一般来说，除了一部分以工业化手段批量生产的、纯粹为满足审美的工艺品外，所有工业化批量生产的产品都在一定程度上具备实用功能，这也是产品的基本属性。

在文化创意产品设计载体的选择方面，设计者为了吸引消费者的目光，通常情况下会选择一些人们生活中较为常见的物品，通过自己的精心设计，使这些物品成为具有一定文化意义的文化创意产品。

（二）突出趣味性的设计

人们在愉悦、乐趣与美感的共同作用之下，可以产生一些积极快乐的情绪与体验。这种情绪与体验可以减轻人们生活中的压力，刺激人们的求知欲，提高人们的学习能力。当前市场上有很多以娱乐为目的的体验型产品，"好玩""有趣"成为人们购买产品的推动力，这就体现出人们在如今快节奏的生活下对心灵释放的追求与渴望。在更多的时候，文化创意产品中的趣味设计是相互包容的，其致力为消费者带来比较全面的体验与感受，从造型到功能再到人机的互动与文化方面，不断地向前发展，把趣味设计提升到一个新的层面。人与人之间的性别、年龄、社会经历、知识水平存在差异，加上每个人对趣味理解的方式也不同，有的侧重视觉感官带给人们的最直观、最直接的感受，有的关注功能方面的趣味性，有的偏重产品自身品质给予使用者的真实体验[1]，所以在对趣味性进行设计时，需要考虑人们的不同需求，以及影响趣味性的因素，使用多元的设计方法，以提升各层面的趣味性，带给人们独特的趣味感受。

1. 趣味设计因素

根据不同人群需求，趣味设计可着重考虑以下三个因素。

（1）年龄

站在年龄这一层面上讲，不同的年龄阶段有着不同的趣味需求，如儿童与青少年更注重产品的外形颜色，而中老年人更侧重于产品本身带来的趣味体验。

（2）性别

从性别这一层面上讲，男性更加喜欢便捷、简单、明快的产品，而女性更多喜欢温和的产品。

（3）消费能力

站在消费者的角度考虑，趣味设计跟产品的价格无关，而是在日常生活用品的功能中，加入对物品使用者情感层面的关心。日常生活用品中的趣味设计，需要坚持"以人为本"，关注人的情感需求，不光要从外形特征表现产品的趣味，更应拓展更深层次的内涵层面。趣味性的设计给产品注入了生机活力，关注人的情感使得产品更具亲和力。所以，我们要积极地在产品的功能与形态中、文化内涵中融入相关的设计理念与设计要素，创造出可以感动人心的产品。

2. 趣味设计方法

从日常生活用品的造型、材质、色彩等趣味到功能的趣味，从人机互动的趣味到产品的综合趣味，其产品趣味体现出完整的设计方法。日常生活用品趣味性设计方法应从造型层面、功能层面、人机互动层面、综合层面着手。

---

[1] 刘贻琪：《解析文化创意产品的设计方法》，《西部皮革》2020年第13期，第41页。

在这些层面中，造型层面的趣味性设计是吸引用户眼球的第一要素。通过独特的形状、线条和比例，我们可以创造出令人愉悦和令人惊喜的视觉效果。这种趣味性设计不仅能够满足用户的审美需求，还能帮助产品在众多竞品中脱颖而出。

功能层面的趣味性设计则侧重于产品的实用性和创新性。在满足基本使用需求的基础上，我们可以添加一些有趣的功能或特性，让用户在使用过程中感受到乐趣和惊喜。这种设计不仅增加了产品的附加值，还能提升用户的满意度和忠诚度。

人机互动层面的趣味性设计则注重产品与用户之间的交流和互动。通过智能化的设计，我们可以让产品更加了解用户的需求和喜好，从而提供更加个性化的服务。这种互动性设计不仅能够增强用户的参与感和归属感，还能帮助产品建立更紧密的用户关系。

最后，综合层面的趣味性设计则是将以上三个层面进行有机结合，形成一个完整的设计体系。在综合设计中，我们需要充分考虑产品的整体风格、定位和目标用户，确保各个层面的设计元素能够相互协调、相互补充，共同构建出具有趣味性和吸引力的产品。

（三）演绎故事性的设计

演绎故事性设计就是在文化创意产品中将某种故事性的内涵特征融入其中，消费者看到产品时能够产生共鸣，这也是文化创意产品设计惯用的设计方法。想要在设计中体现其故事性，首先要挖掘产品中的"点"，如笑点、萌点、科技点等等，再巧妙地用"梗"与受众互动。

故事性设计的关键点，就是深度剖析产品的文化背景，如非遗文化、特殊的产地、优良工艺、严格的制造过程、历史溯源等，还可融入设计者或非遗手工艺者自身的独特情怀。另外，还可以为受众讲述产品故事，将其趣味性、深层次内涵展现出来。讲故事时，要讲求文案架构的逻辑性，开头、中间和结尾都要完整、有序。对商品进行讲述时，还要提炼文化的重要性，并将其按照重要程度先后排列，把最关键的部分展示在标题上，令受众在阅读的开始就能首先抓住其重要方面，再将较为次要的文化层层铺开来讲。

（四）融入情境性的设计

同实用性设计方式比较，情境性设计更加看重将产品的精神表达出来。这种类型的产品因其观赏性较高，甚至可以当作一种工艺品来展示。同时，当用户使用它的时候，产品的意义会通过使用方式呈现出来。比如，花道、香道、茶道等就是这类产品中极具代表性的产品。

场景是指当产品和用户进行交互时，由产品、用户、环境这三个因素构成的集成体系。场景研究指的是通过人与产品、情境、环境之间的关系，对未来产品的使用进行的研究。在产品的设计过程中，找到场景的三个因素之间的平衡点，设计出可以满足用户需求的产品，以提供给用户较为舒适的使用体验，是场景研究的目的所在。

1. 从现场观察中理解用户

用户行为存在一定的特殊性，其背后的因素是复杂的。仅通过一种形式，难以获取用户行为真正的目的、动机、情感。只有亲自体验用户的使用过程，才可能真正理解用户，掌握用户的需求，认识用户行为的根本目的。所以，在新产品的开发过程之中，可以使用多种研究方法，如信息收集、调查用户、场景仿真、场景记录等。

2. 从场景中挖掘需求

我们期望在场景里能够意识到用户的态度和习惯所隐藏的潜在需求。设计者可以通过设定特定的场景来详细描述用户的日常生活细节，这有助于他们及时捕捉用户的情感波动，并在与用户沟通时选择最合适的态度。用户所需的信息和功能能够帮助设计师识别用户和产品之间可能的交互节点，从而合理定义用户与产品之间的关系，并将产品整合到用户的日常生活中。此外，采用场景设置的策略也能帮助设计者在开发新产品时，避免缺乏设计经验而导致的不完善设计，同时也能减少在没有充分考虑的情况下可能给用户带来的其他困扰。

3. 提炼核心需求定义产品

在完成上述步骤后，有必要对收集到的用户的需求和意向进行深入的分析和总结。普通消费品能够满足大部分人的需求，而更具体的需求只能满足少数群体的需求。因此，设计者需要对产品的细节进行提升，以找出背后的深层原因，通过一种或多种不同的表达方式来制订最优的解决方案，从而更好地满足用户的核心需求，并完成产品设计的全面定义。

（五）应用高科技的设计

尽管我们在日常生活中可能无法接触到最前沿的技术，但随着科技的广泛应用、普及和不断地进步，创新的形式也随之出现。在过去的几年里，全息影像技术得到了广泛应用，人们能够通过简单的工具实现全息影像的视觉效果，但这种技术并未被文化创意产品设计采用，"AR"与"VR"，正逐渐成为人们日常生活的一部分。通过运用这两种技术，设计者可以进一步加强产品的描述性特质；7D技术的进一步发展，结合了传感、光感、震动和摇晃的功能，以及五维度场景的全面覆盖，能够完整地模拟出真实的场景，使人感觉仿佛身处其中。到目前为止，"7D"技术只在大型的体验馆或博物院中得到应用。如果设计者能在未来文化创意产业中融入"7D"技术，打破时间和空间的限制，人们能够更加真实地体验到文化的历史和沉淀。因此，设计者需要主动了解和认识当前科技的发展和应用水平，并利用这些科技资源，来设计出与当代社会需求相一致的产品。

二、文化创意产品的设计原则

（一）以市场为导向的原则

市场导向原则强调要将市场需求作为出发点，开发出市场需要的产品，而不是有什么样的想法就生产什么样的产品。因此，在设计文化创意产品的时候，应该以辩证的眼光去看待文化内涵与市场导向，设计出可以满足市场需求并具有一定文化内涵的文化创意产品。

20世纪50年代以来，西方发达国家随着买方市场的出现开始产生了现代经营思想。经历了几十年的不断更新和迭代后，这一理念已逐渐成为现代市场营销学的核心思想。在这一理念的引领之下，企业并不是以现有产品作为寻找和吸引客户或消费者的起点，而是从市场需求的角度出发，进行产品生产和销售的全面规划。公司的核心目标不仅仅是追求短期的销售增长，更是着眼于长期地获得市场的份额。在这一理念的引领下，各企业高度重视对市场的深入调查和研究。他们希望在消费者需求发生变化的过程中，识别出仍有潜力的市场领域，并通过产品研发、分销渠道、定价策略和促销活动等多方面的手段，以更好地满足消费者的多样化需求。

在市场经济的调控机制下，文化创意产品的供应和需求是通过市场这一环节相互连接的，它们之间的变化、成长和经济联系构成了经济活动的核心。只有通过市场机制运作时，我们才能有效地调和和解决供需之间的矛盾，从而保持供需结构的稳定。供求之间的平衡即产品结构的均衡，只有当文化创意产品结构达到平衡发展时，文化创意产业才能有序、健康地发展。

文化创意市场处于不断发展变化之中，竞争对手的战略不断改变，消费者的需求不断更新，文化创意相关的政策法律也在不断调整、完善之中，这些因素的改变影响着文化创意企业的内外环境。一个文化创意企业是否可以在竞争中生存下来，关键之处就在于其是否可以适应文化创意市场的变化及其适应的程度。因此，文化创意企业要制定适合自己的市场营销战略，坚持以市场为导向，合理地配置资源，取长补短，有针对性地开展市场营销活动，以保证实现企业的经营目标。市场营销的战略是文化创意企业市场营销的重要根据，对文化创意企业今后的发展目标具有重大的影响。所以，市场营销战略的正确与否影响着文化创意企业的兴衰。假若一个文化创意企业的市场营销战略是错误的，那么不管这个文化创意企业的销售队伍多么厉害，具体方案做得多么全面与细致，都会在激烈的市场竞争之中失去优势，甚至被对手打败，这对企业的生存与发展将产生极大的威胁。

（二）突出差异的创新原则

事实上，差异化设计是一种创新的设计方式。只有从不同的视角进行分析、深入思考、加强判断，才能让我们的作品具有独特性。因此，应针对不同的消费者群体，采用目标市场的定位策略，并根据消费者的独特需求和不同产品的特性，选择不同的设计方法。经过深入的市场研究和分析，我们可以识别出各种不同的消费者群体，并据此进一步分类产品种类，这是产品创新的关键途径。考虑到消费者行为的多样性和市场需求的多元性，我们将潜在客户和整体客户，也就是整体市场，划分为多个具有某种相似特性的客户群体，以便选择最适合的设计方法或策略。可以从以下4个维度来探讨定位分类的策略。

1. 地域创新

地域文化存在于特定的地域生活环境之中，有着长久的积累和深厚的精神基础，依据不同地域环境的变化情况并结合设计方法，将地域特色的文化融入产品设计，可以使产品具有地域性特征。文化创意产品设计凝聚各地的地域文化，在传播和商品设计中保持地域文化特色，是实现文化创意产品差异创新的方向之一。

2. 产品品类创新

产品品类创新指的是为了满足顾客的价值追求与不同需要，设计出多种不同风格、特色、质量、规格的同类产品，避免产品"同质化"。[①] 在实现文化创意产

---

① 丘庭媚：《论壮族民间传说在现代文化创意产品设计中的运用原则》，《工业设计》2020年第11期，第143—144页。

品品类创新的时候，应该注意以产品的品牌化与系列化为导向，统一规范整体形象，更加明确设计的个性与主题。

3. 消费群体差异化创新

消费群体差异化创新指的是以不同消费群体的消费心理和消费需求为依据，走差异化路线，掌握消费群体的差异性，然后进行设计。对消费群体进行较为细致的划分，有利于对产品开发品类的细分，进而实现产品的个性化与多样化。

4. 消费手段差异化创新

消费手段的多样性意味着持续地更新营销手段，以展示给消费者新的亮点和创意，从而激发他们的购买意愿。

在过去的几年里，"互联网＋"模式全面发展，这一创新方式也逐渐融入了文化创意行业。比如，故宫博物院内的淘宝商店和手机应用程序等，都是通过网络平台向公众传播的。文化已经不再是单纯地以传统的形式来引导人们去体验和感受，而是以一种与当前时代趋势相一致的方式，深入地渗透到人们的日常生活当中。为了消除产品同质化的问题，需要进行一系列创新措施，包括在材料、造型、展示方式和工艺等方面的创新，以实现产品的差异化。产品差异化分为垂直方向的差异化和水平方向的差异化。在设计文化创意产品时，通过采用差异化的设计方法来探索文化创意产品所涉及的多个领域，让人们在创新的过程中深刻体验到文化的普世性和存在意义。2017年12月29日，敦煌研究院与腾讯公司合作，启动了"敦煌数字供养人"的项目，鼓励公众通过各种数字创意，如文化、动漫、音乐和游戏，参与到敦煌文化的保护和传承中。在合作满一周年之际，该项目推出了名为"敦煌诗巾"的新年数字创意活动，鼓励大众通过数字文化的创新手段，成为敦煌数字文化的贡献者。在腾讯文化创意平台上，用户有机会通过制作个性化的敦煌丝巾，为敦煌文化注入独特的魅力，并对这一富有吸引力的文化进行传承和弘扬。

（三）兼顾美观与实用的原则

在人们的日常生活中，美的追求在各个层面都得到了体现，那些既美观又实用的产品为人们的生活增光添彩。美学实用性效应描述的是这样一种现象，即人们普遍认为，与缺乏美感的设计相比，具有更高美感的设计更易于应用。这一效应在多个实验中得到了验证，并对设计的性能优劣、是否能够被接受等方面都产生了积极的影响。

那些具有审美价值的设计似乎更具实用性，不论这些设计是否真的更易于操作。但是可以肯定，那些实用但不太美观的设计可能会被忽视，也使其在是否具有实用性方面产生了一些争议。因此，美学在设计中起着重要的作用，美观的设计比缺乏美感的设计更能有效地培养积极的态度，并使设计中存在的瑕疵更易接受。

美的产品不仅要满足消费者审美的需求，还应使消费者感觉到"美观的产品更好用"。因此，在文化创意产品设计过程中，应该从用户的感受出发，细心观察用户的情感与喜好特征，总结其美学要求，在和文化结合的同时，设计出符合用户需求的美学性产品，从而使用户保持一种乐观的、愉悦的心态。例如，可通过与知名品牌联名设计，提升消费者对产品品质的信赖。百雀羚的生产商与故宫博物院的珠宝设计者钟华合作，强势推出一款带有浓郁中国风的梳妆礼盒（见图2—3），这款产品所具有的精致的中国风广受消费者追捧。

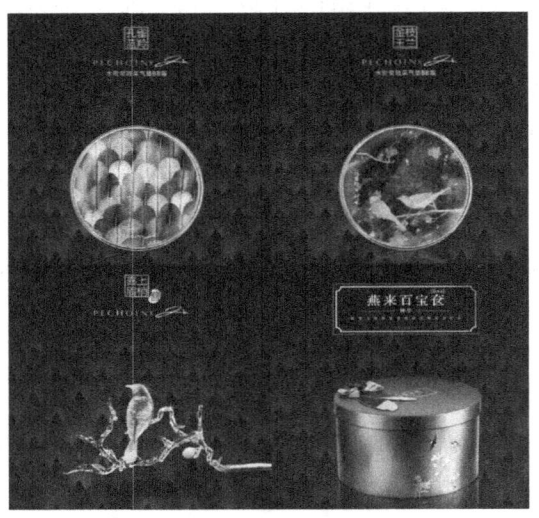

图2—3　百雀羚 × 故宫珠宝设计师钟华

（四）坚持绿色环保的原则

在设计产品的过程中，要重视人与自然之间的生态平衡关系，设计中作出的每一个决策，都要对环境效益进行充分的思考，最大限度地减少对环境的损害，包括产品设计的材料管理与选择，应尽可能地降低有害物质的排放量，减少能量与物质的损耗，提高产品及其零部件分类回收的便利性，使其可以重新利用或者再生循环。因此，设计者在设计产品的过程中，要积极负责，利用更加简便、长久的形式，最大限度地延长产品的使用寿命。

绿色设计与传统设计相比较,应遵循以下4个原则。

1. 资源最佳利用原则

关于资源的最佳利用,有两个核心原则:首先,在挑选资源时,需要确立一个可持续发展的观念,并对资源在不同时间段的分配和再生能力进行深入的思考,避免因为资源的不恰当使用而加剧资源枯竭的风险,应优先选择那些具有再生潜力的资源。其次,在产品设计阶段,我们必须竭尽全力确保所选择的资源能够在产品的整个生命周期中得到最大化的利用。

2. 能量消耗最少原则

最小化能量消耗的原则涵盖了两个主要方面:首先,在挑选能源种类时,应尽量避免选用无法再生的资源,而应优先选择风能、太阳能等具有再生和清洁特性的能源;其次,设计者应致力于在产品的全生命周期内最大限度地减少能源消耗,降低能源浪费,并避免这些被浪费的能源被转化为热辐射、噪声、振动和电磁波等有害物质。

3. "零污染"原则

在绿色设计中,我们应当采纳"预防为主,治理为辅"的环境保护策略,摈弃传统的"先污染,后治理"的环境治理方法。因此,在产品设计阶段,需要深入思考如何从根本上防止污染的产生,并努力消除污染的来源。

4. "零损害"原则

绿色设计需要保证产品在生命周期内不会对劳动者、生产者、使用者造成危害,对其具备良好的保护功能。在设计的过程中,不但要从产品制造、产品质量、产品可靠性,以及使用环境等方面为生产者与使用者提供安全保障,而且要使产品与美学、人体工程学等原理相吻合,以免危害人们的身心健康。①

第四节　文化创意产品设计的基本流程

在开始设计文化创意产品时,我们首先要思考的是产品的概念。通常情况下,我们将开发新产品的概念分为文化产业衍生产品、文化生活用品、传统工艺品与饰品、时尚产品等。对于不同的产品也会采取具有针对性的设计方法和设计策略,

---

① 刘芳、刘娟:《谈博物馆文化创意产品的包装设计原则》,《中国包装工业》2014年第14期,第18—19页。

但对于文化创意产品来说，其创意过程具有共通性，基本上涵盖以下五个步骤。

一、认识问题，明确目标

在文化创意产品的设计工作中，随着设计的进行会出现很多问题，且不能有效解决。因此，我们在设计的开始就要明白创意产品的问题，以及问题的结构与构成。我们要想实现问题的有效解决，就应该在"人—产品—文化—环境"这一体系中对问题进行研究，这个体系包含人的审美需求、文化背景、产品所应承载的文化内涵，以及如何将文化融入产品之中。在该体系中涉及的环境主要包含两个方面，一是社会人文环境，二是产品系统环境。我们只有在这个体系之中设计文化创意产品，才可以明白问题的存在形式，从而明确设计的目标。

二、设计研究，分析问题

进行设计研究、分析问题、设计市场所需要的文化创意产品，是每个设计者都清楚的流程。设计活动是一种符号性活动，设计者需要在设计活动中把握各种元素，并且对其进行编码，如产品机能、市场竞争、审美、人、社会文化等，消费者则需要对这些编码进行解码，这一过程在产品的销售过程中体现。设计者应该站在消费者的立场对文化进行编码，为此需要借助一些创意方法，对文化内涵与文化心态、生活方式及审美情趣之间进行融合。

设计的成功与否受到消费者和设计者解码过程一致性的重要影响。若产品的设计不能迎合消费者在审美、文化心态等方面的偏好，说明该设计是不成功的。相反地，产品的设计可以满足消费者在审美、文化心态等方面的偏好，那么该设计是成功的。为了成功地设计文化创意产品，设计者需要从消费者的角度出发，仔细分析产品的构成要素，并识别设计中可能出现的问题，以便能够有条不紊地解决它们。

三、概念展开，设计构思

设计者在对设计问题进行研究与分析时，对于将会出现的问题应该预先列出问题的解决方案，这一过程被认为是设计想法的生成过程。拥有更多的构思可以帮助设计者打造出更优秀的文化创意产品。

设计者通常利用草图进行结构与形象的推敲，把思考的过程表达出来，以增进设计者之间的沟通与交流，有利于后续的构思、推敲与再构思。草图更侧重思考的过程，一个小小的结构或者一个形态的过渡都需要经过一系列的构思与推敲。而这种推敲仅仅依靠抽象的思维是不行的，还需要一系列的画面作为辅助，以便思考。

通常来说，草图呈现方式相对自由、轻松，并且具有片段式的特点。在文化创意产品设计构思中，可以将构思分为三个层次：一是创意概念构思，二是象征符号构思，三是感性审美构思。

（一）创意概念构思

从全局的角度来看，审视设计的轮廓和突出部分，主要需要确认以下三个方面：第一，是否有效解决了设计研究阶段所出现的问题；第二，"文化"是否通过创意方法实现了与当下"生活方式"的充分结合；第三，是否借助形体、色彩与线条等将所理解的"文化"表现了出来。如果设计者对于以上的问题都有肯定回答，那么这个设计方案就可以很好地对设计的概念进行诠释了。

（二）象征符号构思

象征符号构思是指通过创意概念，对设计中的元素进行加工与处理，使之符号化。设计者从消费者的角度进行思考，将符号化的设计元素与创意概念融合，进一步确定立体物体的特征和图像构造，并展现出一定的体量感，以助于设计的构思和推敲。

（三）感性审美构思

所谓的感性审美构思主要指的是处理和加工文化产品的视觉方面，从当前的审美流行趋势出发，在遵循形式美法则的基础上，细致和精心处理产品表面的配色、质感、线条等，在这些方面展示出设计创意所具有的独特魅力，实现最佳的整体效果。

四、设计展示，设计评价

对于项目来说包含很多环节，如概念展开、设计构思、设计展示、设计评价等。其中，设计展示就是将较为整体的设计展示给大众，将其所具有的创意展现出来。所谓的设计评价指的是，在设计过程中，比较和评价不同设计问题解决方案，对各个方案的价值和作用、优缺点进行明确和选择出最佳方案的过程。设计评价的意义在于，它可以为设计质量与水平提供一个基础保障，通过科学、合理的评价，可以在众多方案中选择出与目标要求最符合的方案。除此之外，适当的设计评价可以降低设计的盲目性，促进设计效率的提升。文化创意产品设计中的设计评价具有三个突出的特点。

（一）评价项目的多样性

文化创意产品设计需要考虑非常多的因素，其涉及的领域很广，较之一般产品设计相对复杂。因此，在设计评价的项目中，要重点考虑体验性、创意性、审美性、符号性等指标。

（二）评价判断的直觉性

在评价文化创意产品设计项目的时候，会掺杂很多感性的内容，也会涉及不同的审美精神，因此在进行评价的时候，直觉性评价的特征较为明显。

（三）评价结果的相对性

正是因为评价中的直觉判断占比较大，个人经验与感性因素的成分很多，个人主观因素就对文化创意产品设计的评价结果产生了较大的影响，尤其是评价者自身的价值取向与文化背景，非常容易影响评价的结果。

五、模型制作，生产准备

在形态上，要求制作的模型需要呈现出真实产品的效果，所以模型需要表现出产品各个部分的细节，这样也为设计者对产品细部方面的修改与推敲工作提供了便利，有利于进一步完善设计的概念，同时为后续的数字模型的生成提供参考，以便最终投入实际的生产。当然，有些文化创意产品是完全手工制作的，无需经过这一步骤，创意定稿后便可直接投入生产。

第三章　文创产品设计开发资源分析

文创产品设计开发的资源非常重要，它们对于产品的成功与否起着关键作用，它们共同构成了文创产品成功的基础。本章主要介绍了文创产品设计开发资源分析，包括文化资源和主体资源两个方面。

第一节 文化资源

一、物态、行为、心态文化层

区域文化是以特定地域为载体，经过千百年历史发展而逐层积淀的结果，是当地所特有的精神特质与文化内涵的总和，并通过这种力量作用于人们的生活方式与价值取向。文化可以被看作是一个多层次的整体，包括一个核心和许多外延。从文化形态学角度来说，按照内外顺序排列这些层次可以被分为三个层次，具体如下。

（一）物态文化层

物态文化层是由各类人造器物构成的物质文化层次，是人类在不断地生产和社会实践中形成的，反映了人类对物质世界的认知和运用，是人类创造的有形文化产物，包括他们的生产方式和所生产的产品总和。整个文化创造过程的物质基础由物态文化层所构成。

（二）行为文化层

人类社会的习惯性行为方式构成了行为文化层，这些行为方式主要来源于人际交往中的惯例和约定。它表现了特定区域民众的生活方式、行为模式，通常涉及礼俗、民俗和风俗等方面。该地区的各种社会活动通常都反映了该地区的文化特征。

（三）心态文化层

心态文化层是一个地区内人们长期实践和意识活动中所产生的、由各种因素构成的一种心理定式和评价标准，其是文化的核心，具体包含价值观念、审美情趣、思维方式等。这里所谓的心态文化层，大体相当于"观念习俗""文化定式"或"集体意识"等概念。

需要特别指出的是：一方面，物态文化层呈现的"物化"特征，会影响生活于其中的特定人群，使其在思维方式与行为方式上产生与物态文化层相匹配的特征；另一方面，相对稳定的思维方式又会影响特定群体的行为方式及他们的造物行为。物态文化层与心态文化层的共同作用会形成风格迥异的造物结果。因而，心态文化层、行为文化层与物态文化层，在哲学体系中分别对应着世界观、方法论及改造自然的实践活动，它们之间是一个相互影响、密不可分的整体。

对于文化层次的区分，有时仅是为了便于说明某些问题。事实上，文化作为有机整体，基于任何细分标准，都不可能完全厘清其内部构造及相互关系。心态文化层作为文化的核心，会影响物态文化层与行为文化层的整体面貌；行为文化层与物态文化层作为客观实在的文化表征，也必然会影响心态文化层的发展与继承。但无论如何，世界观的形成总要依托于人们所处的物质世界及其正在进行的社会实践。

今天之所以形成异彩纷呈的区域文化，其重要原因之一便是由于地理差异所带来的自然环境禀赋差异。当自然环境的不同而导致的生活方式差异性逐步积淀于人们的思维方式和价值观念中，不同区域之间的文化特征也就逐步形成并被固定下来，因此具有相对的稳定性。这种稳定的文化特征，又必然会反作用于人们的行为方式与造物观念。

从上述对于文化层次性的分析来看，我们可以基本框定区域文化调研的基本类别，以及它们之间相互作用的派生关系。因此，我们在对特定区域文化整体调研过程中，可以按照上述文化形态的内部层次构成，由"自然"向"人文"、由"过去"向"现在"、由"手工艺"向"产业化"逐层调研。

二、我国文创产品设计文化资源细分

我国每级行政区划分均有其典型的文化特征。基于特定区域的全域历史文化资源的整体调研，此处的"特定区域"是指国家、省（自治区、直辖市）、市、县、乡（镇）、村六级以行政区划明确规范边界的地理区域，如中国、山东省、菏泽市、鄄城县、凤凰镇、鲁楼村等。一般而言，行政区划越小，调研的范围也就越小，文化容量越少，文化类型也就越单一。因此，区域文化特征概括整合的难度也就越小；反之，被调研的行政区域增大，其文化容量也随之增大，文化类型趋于多样，文化特征的概括也更加复杂。表 3—1 表明我国文创产品设计开发中文化资源的基本类别。

表 3—1 我国文创产品设计开发中文化资源的基本类别

区域自然及文化资源	
自然景观	不同的地理位置会形成不同的自然气候及地貌差异，也正是这种差异，成就了不同区域的自然景观风貌成为当地不可替代的自然名片
区域历史	特定区域的历史调研是项目前期调研的时间线索，只有完全厘清调研区域的历史脉络，才能有效地架构该地区的文化模型

续表

民间传说	民间传说是指有别于官修史志的民间口头叙事信息，这些传说虽未必具备历史的客观真实，但往往具备情感的客观真实，包含了特定区域丰富的历史、文化、地理、民俗、信仰等信息
历史名人	历史名人主要是指该区域正史记载或民间传说中，各领域所涌现的重要代表人物，以及这些代表人物的主要生平成就、人物逸事等
民间习俗	"十里不同风，百里不同俗。"不同地理自然环境及历史演进脉络的差异，往往会呈现出风格迥异的生活方式与民间习俗
民间技艺	民间技艺主要是指那些特定区域民众日常生活中所呈现的造物方式与造物技巧，以及运用这些传统造物方式所呈现的造物特征
民间艺术	技术的熟练化操作及其象征性的演绎方式往往会向艺术发展。民间艺术包括民间音乐、绘画、雕刻、曲艺、杂技、艺术化的工艺美术等
文化遗迹	历史发展过程中的人造物的留存，称为历史文化遗迹，这些文化遗迹主要包括建筑物、文物、生产生活用品等
区域产业资源	
自然矿产资源	自然矿产资源既是一个区域经济发展的重要依托，也是该区域文创产品设计开发的重要物质载体
农副土特产品	农副产品是由农业生产带来的副产品，包括农、林、牧、副、渔五业产品，又可细分为粮食、竹木材、工业用油及漆胶、禽畜产品、蚕茧蚕丝、干鲜果、干鲜菜及调味品、药材、土副产品、水产品等若干大类。每个大类又分若干小类，特定区域的农副土特产品，往往能够成为文创产品设计开发的重要载体
手工艺产品	民间手工艺品是指劳动人民为适应生活需要和审美要求，就地取材，以手工生产为主的加工制成品。手工艺品种类繁多，主要包括年画、编织、刺绣、印染、雕刻、泥塑、剪纸、陶器、琉璃、金属工艺、纸扎、玩具等。由于各地区、各民族的社会历史、风俗习惯、地理环境、审美观点不同，各地的手工艺品也具有不同的风格特色
民用产品	此处的民用产品生产主要是指该区域以现代企业组织方式及其加工手段为基础，进行批量化、标准化生产的民用产品，如食品、纺织、造纸、印刷、生活用品、办公用品、文化用品、体育用品等

续表

区域旅游类型	
风光游览型	以山海湖林滩岛等为主的自然风光、著名古代及现代建筑、文化遗址、园林、现代城市与乡村景观、山水田园、宗教寺庙等自然文人风光为主的旅游类型
知识学习型	以文物古迹遗址、博物馆、科技馆、地质公园、植物园、文化馆、美术馆等为主要旅游目的地的旅游类型
过程体验型	以民风民俗、社会时尚、节庆活动、风味饮食、宗教仪式、徒步探险等为主,重在过程参与体验的旅游类型
康养娱乐型	以文体活动、度假疗养、康复保健、主题乐园等为主要旅游目的的旅游类型

第二节 主体资源

文创产品设计开发参与主体包括地方政府、生产企业、投资主体、文化主体、设计主体等方面。本质上,除设计主体外,上述参与主体通常也是文创产品设计开发的项目委托人。一般而言,由不同的项目委托方所主导的文创产品设计开发项目,其立足点与着眼点会有较大差异。政府主管部门、设计主体、投资主体、生产加工主体、销售主体、消费者共同构成文创产品设计开发参与主体,是文创产品设计开发的利益获得者。

文创产品设计开发过程包括对当地文化产业资源的梳理、旅游类型定位、文创产品品牌定位、资金支持、产品设计、专利保护、生产加工、包装展示、销售推广、风险管控、产品评价等各个环节;文创产品开发收益主要在设计主体、投资主体、生产加工主体、销售主体之间分配;受益主体以上缴利税的形式增加当地财政收入,促进区域经济发展;政府主管部门、销售渠道、消费者与受赠者是文创产品评价主体。

一、地方政府所委托的文创产品设计开发

地方政府对于促进本地区经济、教育、科学、文化、卫生、体育事业的发展,负有主要领导责任。各级政府对文创产品设计开发的诉求,一般源于以下两个方面。

首先,各级政府、企事业单位等对外交往与公务会议中,对文创产品存在大

量实际需求，是文创产品设计开发的重要动力。文化特征突出、内涵丰富的文创产品，可以成为当地政府介绍本地特征、讲好本地故事的重要媒介。以物传情，以物达意，增进受赠方对该地区的情感连接与文化认同。

其次，文化创意与精品旅游相互依存、相互影响。一方面，旅游产业精品化发展策略必将带动客源，提升潜在购买力，对文创产品设计开发产生更多消费预期；另一方面，文化创意产业的优化发展，也必将深化旅游内涵，提高旅游收益，深层次地推动产业升级，促进区域经济发展。各级政府以推动文创产品设计开发为手段，其目的是有效加快当地产业升级，促进就业，推进当地经济有序健康发展。因此，地方政府推动文创产品设计开发的视角更为宏观。

二、由生产加工企业所委托的文创产品设计开发

目前，越来越多的生产企业认识到，文创产品设计开发已不再局限于文化礼品、旅游纪念品的狭窄范围，而是成为促进当地产业升级，三产融合发展的重要手段。文创产品设计开发的工作重点已由早前的"文化创意产业化"向"制造产业文化化"过渡。具体而言，文创产品设计开发的目的是增加传统日用产品的文化价值，形成文化创意设计向农副土特产品、手工艺产品、轻工业产品、日用消费品、区域旅游产品等综合赋能的态势；推动当地普通消费品的"文创化"转化，提高其议价能力、推动产业升级、促进就业及当地经济有序健康发展，形成"文创+产业"的发展格局。由生产加工企业所主导的文创产品设计开发，往往具备以下三个方面的需求。

（一）丰富产品文化价值，提高产品议价能力

目前，我国大多数民用快消品生产加工企业仍以产品的"使用功能"为主要价值输出导向。因此，传统生产企业产品的价值实现主要依靠原材料、工艺、劳动力等物质因素，而较缺乏对产品文化内涵的挖掘、消费心理与情感需求研究，以及对消费人群的定位与产品品牌的把握。因此，此类加工企业往往呈现出技术含量低、劳动强度大、议价能力差、产品同质化严重等劣势。目前，越来越多的生产企业逐步意识到所谓"消费升级"不仅是指功能升级、技术升级、材料工艺升级、销售渠道升级，更包括了产品所蕴含的情感升级、品牌升级、文化升级。传统加工企业迫切需要通过融合文化创意产品设计开发的方法，提高其产品的情感张力与文化内涵，进一步细分消费人群，激发消费者购买欲望，实现动能转换与产业升级。

（二）借助当地旅游资源，促进生产企业增收

农副土特产品、手工艺产品等的生产加工企业，对当地旅游资源的依赖性很强。如果此类产品无法与当地旅游文化资源高度契合、深度对位，或无法实现标准化的产品评价体系与批量化的生产模式，往往会流于普通农副土特产品、传统手工艺产品的销售模式与价格体系，无法有效依托当地的旅游资源，激发旅游者的购买欲望，改善企业的营收状况。因此，这类产品也需要借助现代设计开发思维，对现有产品进行文化赋意、形态重构及功能升级，进而形成质优物美，具备当地典型文化特征与情感张力，符合标准化、批量化生产方式的旅游文化产品。

（三）改造原有文创企业，加快产品转型升级

从时代发展的角度观察，文化创意产品设计之所以日新月异，本质上是将既有的历史文化资源，以当前政治、经济、文化、科技、艺术、伦理的视角进行重新解读，再次组合，使其既具备传统文化的深厚底蕴，又具备当代文化的时代特征。这是"旧物"再次融入时代，焕发新生机的过程。

文化创意产品并非今天才有，从事文创产品加工生产的企业早已有之。例如，20世纪50至60年代，全国各地大量涌现出基于对传统手工艺作坊改造的工艺美术厂，它们所生产的产品为国家换取了大量外汇，极大地支援了新中国的建设。然而目前我国很多工艺美术产品生产企业面临经营不善、人员流失、关停并转的困局。出现这种情况，一方面，是由于此类企业没有通过现代企业制度，合理组织管理人、财、物等生产要素；另一方面，此类企业对产品款型、传统工艺的传承有余，而对其所蕴含的文化内涵创新不足。久而久之，其产品固有的文化内涵与时代文化特征发生分离，无法引起今天消费者的情感认同与购买需求。因此，使用现代产品设计开发的一般方法，对原有文创企业进行整体改造，也是此类企业升级发展的必然要求。

三、由文化主体所委托的文创产品设计开发

本章所讲述的"文化主体"包括文化成果的管理者，主要是指文化主管部门；文化成果的存放地，如博物馆、历史遗址公园、文化馆、图书馆、影剧院等；文化成果的产出者，如作家、画家、音乐家、剧作者等。上述主体通过对文化成果的产出、存放和组织管理，往往对文化成果的具体转化具备优先权，是文创产品设计开发的重要主体。文化主体所推动的文化产品设计开发具有以下三个主要特征。

（一）文化成果的管理者

各级文化主管部门是文化成果的主要管理者，其主要关注点并不是一时一域的文化资源转化问题，而是对区域文化的典型资源进行高度凝练概括，提纲挈领、以点带面，塑造系统独特的文化典型生态。因此，以文化主管部门主导的文化产品设计开发，应重调研、重规划、重资源梳理与平台建设。

（二）文化成果的存放地

博物馆、美术馆、历史遗址公园等单位，是历史文化资源的存放地，对其所在的历史文化成果负有保护修缮、运营管理的责任。随着旅游产业的不断发展，博物馆、历史文化遗址、文化馆等成为重要的旅游目的地。一方面，游客在参观博物馆、历史文化遗址后，往往会产生购买相关文化产品馈赠亲友、固化旅游记忆的现实需求；另一方面，文化成果的运营部门，也有将其馆藏文物通过复制、衍生、再设计的方式进行必要开发，进而达到对文化成果积极传播、快速转化、商业增值的目的。

（三）文化成果产出者

电影作为"第七艺术"，有效地吸收了文学戏剧、音乐美术、服饰装扮、自然建筑景观等艺术成果及其表现手法，已成为一个综合的艺术门类。不可否认，一部成功的影视作品，不但能够有效整合既有的文学戏剧、音乐美术、服饰装扮、自然建筑景观等文化资源，还能通过对典型艺术形象的再造，成为新的文创产品设计开发的起点，其表现形式也是多元化的。

四、由设计主体推动的文创产品设计开发

成熟的产品设计师在掌握现代设计思维方法的基础上，往往具备丰富的文创产品设计开发经验。设计师的责任就是以土特产品设计开发为手段，服务区域经济发展，满足人们日益增长的物质文化需要，不断优化人们的生活方式。因此，由设计师主导的文创产品设计开发，往往具有鲜明的专业学术思维特征与社会责任感，概括起来基本具有以下两个特征。

（一）设计是一个发现问题、解决问题的过程

由设计师主导的文创产品设计开发项目，其着眼点往往不会像政府、文化主体那样宏观抽象，也不像投资主体、生产企业那样功利。设计师往往更多针对具

体问题提出具体的设计解决方案。因此，设计师主导的文创项目，往往是以专业设计视角去看待现象、解读文化、形成联想、赋予功能、产生设计的学理型推导过程。

（二）不受各方面因素制约

设计主体主导的文创产品开发，不受特定区域经济、文化、投融资可能、加工资源、销售渠道的评价制约。因此，观察角度更加客观独立，设计方案更自由洒脱。但也正是因为设计主体较少受当地政府、投融资渠道、加工企业、文化主体、销售渠道的评价制约，往往会造成很多设计方案无法落地，较难形成现实经济效益的局面。

五、由投资主体委托的文创产品设计开发

目前，在一般民用品的设计开发商业模式中，我们可以将资本、产品、渠道称为产品开发三要素。三者相辅相成，缺一不可。目前，既有以生产主体整合资本、销售渠道等要素，进行产品设计开发的运作模式；也有以销售渠道整合其他资源进行产品设计开发的模式；更有以投资主体主导设计项目，整合生产要素与销售渠道的商业开发模式。我们应当承认，资本的本质就是扩张。因此，投资主体出于资本逐利的需要，往往会对特定环境中发展潜力巨大、成长性良好、盈利能力可预期的产业或行业进行投资，以获得较高的投资收益率。在中国传统农耕社会中，资本往往会涌向农业，近现代则更多涌向工商业。今天，随着人民对精神文化需求的不断提高，文化创意产业已成为资本投入与效益产出最高的产业之一。因此，由投资主体推动文创产品设计开发的内在需求越发强烈，这种开发类型主要具备以下两方面特征。

（一）立足于资本的快速增值

无论是政府、生产企业、文化主体、设计主体，还是投资主体等所主导的文创产品开发，其动机都含有经济扩张的特征。但它们各自的出发点又有很大不同。如果说，政府主导的文创产品开发，是为了促进当地产业升级，推动区域整体文化经济的协调发展为首要目的；那么，以企业主导的文创产品设计开发，则更多地关注产品的高文化附加值及高议价能力，以提高企业综合竞争力为目的。文化主体所主导的文创产品设计开发，则包含增强文化成果的快速传播与积极转化的重要目的；由设计主体所主导的文创产品开发，则是发现问题并解决问题的过程，

包含有对传统文化传承与创新的社会责任感;但以投资主体所主导的文创产品设计开发,其着眼点与立足点则更多地考虑资本的快速增值。

(二)将文创设计成果作为商品而开发

以投资主体所主导的文创产品设计开发,是将文化资源视为加工原材料,将文创产品设计开发视为生产加工要素与生产过程,将文创设计成果视为商品,将消费者因情感认同所产生的购买行为视为资本增值的必要手段。因此,单一由资本牵引的文化产品开发,有可能出现对文化资源低端媚俗的过度开发,因此必须由地方政府、文化主管部门、文化主体予以监管匡正。

第四章　文创产品设计开发中传统文化资源的应用

本章对文创产品设计开发中传统文化资源的应用进行了介绍，包括文创产品设计开发的文化驱动力、文创产品设计开发中传统文化资源的创意转化和文创产品设计中传统文化资源应用研究与实例三个方面。

第一节　文创产品设计开发的文化驱动力

一、区域性文化驱动力

从广义上来讲，区域性文化指的是某个区域的地理、历史文化特点、价值观念、意识形态。从狭义上来讲，区域性文化指的是在长期的积淀中，某一个区域在多个层面，如民俗节日、生活方式、艺术水平（包含体育、音乐、服饰等）、建筑表现等方面，所形成的对如今依旧有着广泛影响且对当地文明产生重要作用的独特文化特征。以当地地理环境和思想观念为基础，这种文化特征形成了一种独特的文化体系，独立于其他区域的文化体系，有着自身的特点。在区域的发展中，区域文化是核心，也是区域中人类物质活动和精神活动的总和。

（一）文创产品的定位

确定市场定位是开发文创产品的基本前提。我们应对当前的市场进行深入的调研，在此基础上对文创产品的消费者有一个深入了解，并对当前的现状进行准确把握，预测未来的发展趋势。我们对文创产品的消费者群体进行划分可分为两种：一是本地消费者，二是外地消费者。当地的消费者更容易与当地的文化产生共鸣和深刻体会，他们购物的目的是自用和赠送，并且这种购物方式更容易吸引消费者的行为。所以在定位文创产品的时候，我们需要就以下问题进行深入思考：①文创产品如何进行外观和功能的设计，以及丰富产品精神内涵来吸引本地消费者，让他们心动并产生再次购买的欲望；②我们该如何用不同的展现方式在门店和在线上吸引外地消费者，并传播本地文化。

如今，生产力水平在不断提高，就当前的开发区域民族特色的文化创意产业来说，虽然经济政策发生了变化，但是依旧处于初级阶段，行业的前景非常广阔。然而，随着文创品牌层出不穷，销售的产品却呈现出越来越明显的趋同化现象。要想在这个激烈的市场中脱颖而出，文化产品需要与当地文化相结合，这也是文创品牌最明智的选择。对于目前大部分的文创品牌来说，其只是简单地将当地文化中的图案和形状搬到产品上，缺乏创新和独特性。

文化创意产品的定位在于将地域文化元素进行提炼和创新，以实现外观美观实用以及功能卓越的设计。首先，注重情感体验，将区域文化所表达的情感与消费者的感受联系起来，创造联系和互动。其次，还应强调地域特色文化，减少品牌商业属性，通过文化实现与消费者生活的贴近。

（二）文创产品的设计

在开发文创产品过程中，文创产品的设计是重要一环，不仅要保证文创产品具备丰富和全面的功能，还需要具备一定的美感。按照种类，文创产品可以分为3种：①原生态产品，较为典型的为玉石、标本；②手工艺产品，如刺绣、瓷上绘画等；③艺术衍生品，主要是对艺术作品进行再利用。按照用途，文创产品也可以分为3种：①办公用品；②生活用品；③表情包、壁纸等线上自媒体。文创产品设计中所使用的图形纹样可以来自建筑、民俗节日、区域特殊工具之中的图案或形象，也可以来自民族服饰/配饰的图案或形象，还可以从地区的民族传说、生活习惯及风土人情中进行抽象化提取或者绘制而成的图案或形象。在文创产品中赋予区域文化传承的使用，有着多种多样的呈现方式，不仅可以采用艺术化手法，还可以采用传统工艺，如手绘插画、雕刻等。我们在文创产品中运用区域文化可以按照以下步骤来进行：首先，收集、整理和提取当地具有特色的文化素材；其次，对所提取的素材运用形式美法使之转换为设计符号；最后，对设计符号进行再处理，使之可以在文创产品中对区域特色进行表现，可以在产品中直接附着特色符号，也可以进行间接呈现。

文创产品还可以开发如故宫文创产品中的彩妆（见图4—1）一样的"爆款"产品，这可以在调动年轻消费者购买欲望、激发其兴趣的基础上，让这一群体对文化与历史有深入地了解，为他们了解历史文化提供一个窗口，这与时代发展的潮流是一致的，不仅实现了传统文化与现代产品之间的结合，具有非常好的经济效应，更重要的是具有深远的文化效应。

图4—1　故宫彩妆

(三)文创产品的意义

通过培育文创品牌,可以推广本地文化,展示地域特色,提升当地形象,并促进区域经济增长。文创产品不仅可以带来经济效益还具有社会意义。

1. 传播区域文化

建立文创品牌需要依托于文化,而文化是非常抽象的,也需要借助产品来呈现。如果文创产品具有鲜明的区域特色,有着精美的造型,并且在用途和功能上较为广泛,就会吸引各地的消费者,在这一过程中就实现了区域文化的传播。

2. 打造区域形象

文创产品,作为传播和展示区域文化特色的重要载体,通常仅在地区景点、博物馆等有限的场所中展示。然而,由于这些产品在设计上往往缺乏个性化和独特性,导致消费者对这些千篇一律的文创产品兴趣不高。在文创产品的设计过程中,很多时候未能深入挖掘当地文化的独特魅力,而是停留在表面的符号和图案上。这样的设计不仅难以吸引消费者的目光,也无法有效地传达出区域文化的深厚底蕴。因此,当前的文创产品更加注重个性化和差异化,结合了当地的历史、民俗、艺术等元素,打造出具有独特魅力的产品。消费者在购买文创产品后,通常会选择将其带回家或者转赠给他人。无论是哪种方式,这些产品都能够成为传播区域文化的媒介。当消费者将文创产品带回家后,它们不仅能够装点家居空间,还能够成为家庭成员间谈论的话题,进一步加深对区域文化的了解和认识。而当消费者将文创产品转赠给他人时,这些产品则能够成为连接人与人之间的桥梁,让更多的人了解和感受到区域文化的魅力。

3. 促进经济发展

文创产品作为文化产业的重要组成部分,不仅具有深厚的文化内涵和艺术价值,更能够为经济发展注入新的活力。随着社会的不断进步和人们对精神文化需求的日益增长,文创产品正逐渐成为消费市场的热门选择,为经济发展注入了强大的动力。

文创产品通过深入挖掘传统文化资源,将历史与现代、传统与创新相结合,创造出独具特色的文化产品。这些产品不仅具有观赏性和收藏价值,还能够引发消费者的共鸣和情感认同,从而激发消费者的购买欲望。同时,文创产品也能够通过设计、制作和销售等环节,带动相关产业的发展,形成产业链的良性循环。

在经济全球化的背景下,文创产品还具有广阔的国际市场潜力。通过加强国际合作与交流,将中国优秀的传统文化推向世界舞台,不仅能够提升国家文化软实力,还能够促进国际贸易的发展,实现互利共赢。

二、非物质文化遗产驱动力

传承着民族特色与深厚思想的非物质文化遗产,是中国文化的珍贵遗产,也是人类重要的财富,具有极高的文化价值、历史价值和艺术价值。人们通过开发基于非物质文化遗产的文化创意产品,可以深刻领略产品中所包含的独特民族思维,体会到蕴含的文化内涵。这种开发还可以帮助促进非物质文化遗产的传承和发展,实现中华优秀传统文化在当今时代的新发展,展现新时代的活力。

在中华五千年的文明长河中,无数璀璨的非物质文化遗产熠熠生辉,它们承载了民族的历史记忆与文化精髓。与此同时,文创产品作为现代文化产业的重要组成部分,正以其独特的创意和形式,为传统文化的传承与发展注入新的活力。

非遗,是民族智慧的结晶,是世代相传的宝贵财富。从京剧、昆曲等戏曲艺术,到剪纸、泥塑等手工艺技能,再到春节、端午等传统节日习俗,非遗以其独特的魅力,吸引着越来越多的人去关注、去传承。然而,在现代社会的快速发展中,非遗的传承与保护面临着诸多挑战,如何让非遗在新时代焕发出新的光彩,成为我们共同关注的焦点。

而文创产品,正是非遗传承与创新的重要载体。它通过对非遗元素的提取与再创造,将传统文化与现代审美相结合,打造出既具有民族特色又符合现代审美需求的文创产品。这些产品不仅满足了消费者的审美需求,也让非遗文化在现代社会中找到了新的生存空间和发展机遇。例如,一些文创产品将传统戏曲的元素融入现代服饰设计中,让人们在日常生活中就能感受到非遗文化的魅力;还有一些文创产品以非遗手工艺技能为灵感,创作出独具特色的艺术品,让非遗技艺在现代艺术领域得到更广泛的传播与认可。

(一)非物质文化遗产与文创产品之间的关系

1. 非物质文化遗产是文创产品设计的灵感来源

我国有着丰富多样的非物质文化遗产,这些遗产承载着五千多年的中华文化,具有民族性和文化的传承性。非物质文化遗产与物质文化遗产相比有所不同,它是指无法以实体形态存在的文化资源,必须通过使用物质化符号或媒介化符号来对其中所包含的文化内涵进行传达,对文化韵味进行表现。对于非物质文化遗产而言,具有原创性和价值的文创产品是最佳的信息传播载体,不仅可以展现非物质文化遗产的活力和魅力,还能在新时代背景下赋予非物质文化遗产新的生命力。对于文创产品来说,借助非物质文化遗产一方面可以将自身的资源与素材库实现扩充；另一方面还能在文创产品中增加民族特色，赋予其更加深刻的文化内涵，并在此基础上实现自身影响力和吸引力的提升。基于非物质文化遗产的文创产品开发，实现了非物质文化遗产与文化创意之间的融合，实现了对非物质文化遗产的转化，让其变成可以进行推广和极具创造性的产品，文创产品通过活态的传承方式实现了对非物质文化遗产的传承与保护，这对于二者的发展来说是有利的。

2. 文创产品承载着非物质文化遗产的内涵

文创产品通常以有形的方式展现，具有明确的外观和形象，常以实物产品的形态呈现出来。通过开发基于非物质文化遗产的文创产品，我们可以将非物质文化遗产的文化内涵具象化、实物化，在此基础上实现动态传达。这样做既可以物质化非物质文化遗产，也可以让人们更好地理解其文化内涵。为了将非遗文化更好地传承和保护，我们需要对具体的非物质文化遗产进行深入探究和创新设计，利用这些非物质文化遗产的独特特点，设计出符合现代审美要求的文化创意产品。这些产品不仅要符合消费者的审美需求，还要承载非遗文化的内涵，充分发挥非遗文化的价值和精神价值。通过将文创产品产业化，助推非遗文化的保护和传承。

（二）基于非物质文化遗产的文创产品开发

1. 开发的原则

利用非物质文化遗产进行文化创意产品研发是一种将独特的、小众的文化元素转化为大众产品的过程。除了对非物质文化遗产内在文化内涵进行传承之外，还需要整合现代创意元素，以一种消费者更易接受的方式将民族文化呈现，让消费者在日常生活和工作中可以感知非物质文化遗产。这样做可以在竞争激烈的市场中保持竞争力。鉴于此，在对非物质文化遗产的文创产品进行设计和开发的时候，应该兼顾文化性、地域性、创新性、体验性及传承性等原则。

2. 开发的方法

开发基于非物质文化遗产的文创产品，需要对其进行个性化开发与设计，需要具体分析每个项目的特点和价值，进行"量身定制""量身开发"，而不是简单地把非物质文化遗产和文创产品简单相加。

（1）保持传统工艺与材料

非物质文化遗产基本上都体现了传统的生活和生产，其传承人在进行制作的时候通常采用自然材料，以保持传统工艺和材料的持续传承。尽管现代技术不断进步，机械化日益兴盛，但对于某些技艺或制作过程的某些环节来说，其传统工艺与原料制作出的产品之美是无法被现代工艺和机器所替代的。鉴于此，文创产品若是以工艺为核心特点，在进行制作的时候应该坚持手工制作。手工制品中蕴含的情感和个性特征是独一无二的。我们以刺绣为例，与机器刺绣相比，手工刺绣有其独特的美（见图4—2）。在"破线绣"中，技艺高超的绣娘可以将真丝线破成128根如毫发一样细的线，这种精致程度机器很难实现。手工制品中需要注意的是应该如何有一个统一的标准，以及如何保持相似的制作速度。

图4—2 苏绣刺绣书签

在对非遗文创产品进行开发的时候，在保证品质的同时也要提升速度，"流水线"式的生产方式是一种可行的选择。纵观中国传统手工艺的发展，很早就出现了分工合作，这种"流水线"式的协作也促进了我国传统手工艺的进步。"北京灯彩"是国家级非物质文化遗产的典范（见图4—3），它体现了北京红灯厂师傅们高超的制作技艺。在制作过程中，每位师傅都有自己专门的技能和任务，协同合作，各司其职，以保证最佳的制作效果。

图4—3 北京灯彩

（2）应用传统图案

中国传统文化中的重要组成就是传统图案，如几何图形、装饰纹样、器物造型等图案。在长时间的发展与传承中，传统图案呈现出了不同民族的艺术，反映了不同的民俗仪式，蕴含着不同的文化信仰，这也成了民间美术造型的创意来源，为民间美术造型的发展注入了活力。在文创产品的设计中，最普遍的方式是从传统图案中提取出其独特的亮点和特点进行应用，目前市面上也有很多这类产品。一般来说，设计师会选择一些具有视觉冲击力的非物质文化遗产，将其中所蕴含的经典图案提取出来，印制在布料、明信片、记事本等文创产品上。以蓝印花布为例，其图案常表现出中心或上下左右的对称，展现出质朴、平衡和动态之美，通过这种形式来展现其中所蕴含的中庸之道，表明其生生不息的寓意。通常来说，传统图案有着深刻的寓意和美好的祝愿，如石榴与鱼寓意多子多福的、梅竹图寓意青梅竹马。这些图案在对非物质文化遗产的创作手法进行充分展现的同时，还能传达出中国人对美好生活的向往与憧憬，以及所拥有的乐观和积极心态（见图4—4）。

图4—4　蓝印花布文创

（3）部分创新材料或造型

许多文化创意产品基于非物质文化遗产，呈现出独特的材料和造型，既促进了中国非遗文化的传播与传承，又推动了文化旅游市场的发展，对文化创意产业的壮大有着积极的促进作用。另外，这些产品还肩负着传承工艺、推动产业发展的重要责任。鉴于此，我们在开发相关文创产品的时候，应该重视非物质文化遗产的核心部分，以确保文化内涵的传承，也要创新和修改文创产品的材料和文创产品造型，使其能在物料和工时方面有所节约。例如，"唐娃娃"是一件文化创意产品，它的灵感源自"北京绢人"，但其并非贴绢制手，而是采用树脂或塑料制手，实现了材料的创新。尽管有这种改变和创新，但它仍然蕴含着北京绢人的特色和魅力。相对于传统的绢人，它更小巧便携，并且很受消费者的青睐，一经面世便广受欢迎。

图4—5 唐娃娃

（4）引导手工体验制作

基于非物质文化遗产的文创产品的呈现形式有两种：一是成品；二是材料包。消费者通过自己制作不仅有深刻的手工体验，还能近距离感受非物质文化遗产的魅力。我们可以采用设计开发材料包的方式传承和发展非物质文化遗产项目。设计师和传承人可以共同商讨并精心配合，为消费者提供最终可以制作出美观视觉效果的材料包。如果手工制品有着复杂的制作工艺，那么我们需要为消费者提供纸质的说明书，或提供电子教程，这有利于消费者跟着步骤和教程来完成文创产品的制作。

（5）用好互联网的力量

2016年，国家文物局联合其他4个部门印发了《"互联网+中华文明"三年行动计划》，提出在开发与销售文化创意产品中应该用好互联网技术。随着科技的进步，社会正在朝着数字化的方向发展，信息化已经成为不可避免的趋势。大多数人在工作、学习和生活中都无法离开互联网，互联网基本已经成为人们的一种必需品。我们可以利用互联网的力量，将非物质文化遗产与互联网相结合，开发出新颖、有创意的文化产品。这些产品通过互联网的渠道进行推广，可以形成"互联网+非遗文创产品"的全新模式。在以往的文创产品开发中，传统模式对社会各界对于文创产品的反馈很难有效收集，如今，借助互联网，我们可以实现与潜在的消费群体进行提前和广泛的沟通和交流，了解消费者需求和反馈，在此基础上顺应时代发展的需求，开发具有个性特点的非遗文创产品。我们在推广非遗文创产品的时候，也可以选择"线上＋线下"的方式，在线下的博物馆、旅游景区、书店等进行推广活动，让非遗文化及其相关产品更加贴近生活、更加具体化。线上渠道我们可以借助各种网络宣传途径，如 App 小程序、微信公众号等，消费者可以在这些平台上及时了解文化知识，实现文创产品中所蕴含的文化价值的增加，此外，我们也可以开启网络销售，借助当前的"直播带货""网店""微店"等形式来增加消费者的线上购买渠道，让消费者在平台渠道中受到文化的熏陶，以拓展非遗文创产品的影响范围，增强非遗文化的影响力。

第二节 文创产品设计开发中传统文化资源的创意转化

一、认识创造性转化、创新性发展

在文创产品设计实践中，创造性转化与创新性发展无疑是推动文化产品焕发生机与活力的关键所在。这一理念不仅要求我们深入挖掘传统文化的精髓，更要将其与现代审美、科技手段相结合，实现传统与现代的完美融合。将"双创"规律——创造性转化、创新性发展正确、科学运用到文创产品设计实践中应该遵循以下三个原则。

（一）要准确全面地认识中华优秀传统文化

中华民族在历史的发展过程中及生产生活实践中创造和传承的文化的总和就是中国传统文化。其中，有些文化在刚刚出现的时候有着进步的意义，但是随着时间的推移和文化的演变，这些文化就变成了腐朽没落的文化，不再有积极、进步的意义了；有些文化传统出现在特定的历史时期，组成了人们的生活，但是因为与新的社会历史环境和历史条件不适应，就逐渐消失在人们的视野中。中华优秀传统文化的精髓是指那些有助于推动社会进步和发展的文化，它由中国各族人民所创造，并历经传承和演变，能够持久地释放出正能量的文化。中华优秀传统文化就其涵盖的方面而言，包括不同层面的文化，如精神、物质和制度等；中华传统文化就民族属性而言，其包含汉族文化和少数民族文化；就阶层属性而言，其包含底层文化、上层文化、草根文化、精英文化；就传播形态而言，其包含书面文化和口传文化等不同形式。

（二）要准确把握文化的变动性

传统文化是经过漫长历史发展和人民智慧结晶的成果，是人民大众千百年来实践探索的结果。传统文化不仅影响了历史，还对当前的学术、文化、艺术、情感等方面有深刻的影响。文化是随着历史的发展而变化的，不是永恒不变的。这种变化涵盖了内在特征、外在表现方式和文化解读的改变。换句话说，文化的永恒存在方式就是不断地变化。就当前来看，文化的实践者是人民大众，文化的持有者也是人民大众，人民大众在新的时期有着新的使命：主动和积极推动文化进行变革与创新，为文化事业的发展创造更加广阔的发展空间和更多的发展机会，使得文化事业获得更好的发展，以保证其对人民群众增长和多样的精神文化产品需求的满足。

（三）要准确认识"创造性转化"与"创新性发展"两个关键词

"创造性转化"的核心在于创造，方向在于转换。也就是说，我们需要承担起传承和发展传统文化的历史责任，从不同角度和结构出发，运用发散式的思维方式，进行创新性思考，提取传统文化中与当代相符的、具有当代意义的文化要素和文化形式，对其进行转化。"创新性发展"的主要特征在于创新，其目标则是促进发展。"创造性转化"主要面向过去，是对传统文化进行整理、筛选，在此基础上对优秀的传统文化进行现代化的解读，并进行现代化的转化；"创新性发展"主要面向未来，其前提是创造性转化，在实践中对具备当代价值的内涵与形式进行发展和提炼。

二、汉字元素的应用与设计

自古以来，汉字一直具有不可替代的地位，是中国历史文化的重要组成部分。汉字元素在文创产品设计中具有至关重要的作用，它们代表着文化的延续，承载着历史。在文创设计中使用汉字和书法元素的结合可以在外观上吸引观众的注意，可以用于文化创意产业的各个领域，展现出其广泛的应用性、渗透性、赋能性、延展性。

（一）汉字创意设计

1. 概念由来

文字是一种符号或者图形，主要目的在于表达信息。在设计领域，文字不仅起着传达思想的作用，还可以通过视觉上的呈现打造出独特的审美氛围，从而丰富作品的内涵。汉字是汉语的书面记载方式，其具备两个基本特点：表音义和图画性。汉字在组成结构上主要有两种：一是方块内的上下关系，二是方块内的左右关系，因此得名"方块字"。汉字所具有的这一属性完美地将中华民族所具有的审美与思维方式展现了出来，是具有鲜明特点的"中国元素"。当前，我国的文创产业迈入了蓬勃发展的时期，我们对汉字的创意再设计可以提高人们坚定民族文化自信，增强民族的认同感，激发民族情感。汉字创意设计一般来说集中体现在设计开发文创产品的过程之中，其着眼于中国传统的语言文字文化，着重研究和改良汉字的结构和形态。在对汉字的建构排列方式进行选择时，要满足内容与载体的要求，使得受众可以在汉字的形态变化中产生不同的体验和产生丰富的联想，将更多的文化内涵集中在有限的设计空间之中，将汉字文化所具备的独特内涵和魅力展现给受众。

2. 历史由来

对于汉字的历史，根据考古学家的研究，其已经超过了六千年，在世界范围内是所有已知的文字中延续时间最久的文字，同时也是世界范围内使用人数最多的象形文字，有着非常大的影响力。我们在文字的演变中可以看到不同时代人们的审美取向，明确不同时代下的社会文化特色。书法足以表明我们非常看重汉字的结构美。甲骨文、金文、楷书等字体在我国的历史上交相辉映，任何一种汉字字体都有着其自身独特和鲜明的特点，这也成了我国非物质文化遗产中的重要组成。尽管字体屡经变迁，但汉字的核心美学追求始终如一。苏东坡在宋代精辟地概括了这些追求："书必有神、气、骨、肉、血。五者阙一，不为成书也"[①]。当前的汉字创意设计基础就是传统书法及印刷术，设计者要想在文创产品设计的过程中有效运用汉字，就需要对汉字的基本结构、基本笔画规则、汉字美学等有深入的了解和掌握。

（二）汉字创意设计的美学价值

1. 塑造特定的艺术形象

每一位设计者在进行文创产品设计的时候都会遇到如何选择汉字书体的问题，每一种汉字字体都有其独特的美，有着不同的适用场景，需要根据具体情况进行选择。楷书要求字体表现具有较高的规范性与结构严谨，这使得其呈现为庄重肃穆的艺术风格与形象；行书以其飘逸灵动的视觉表现和强烈的手写特色著

---

① 刘遵三：《历代书法家述评辑要》，齐鲁书社1989年版，第204页。

名，具有流畅感，给人随心所欲的感觉；隶书的笔画较为曲折和多变，在字形上基本为扁长状，这为我们呈现出一种穿越时空的古典美；篆书具有苗条而长的形态，保留了显著的象形文字的特质，对于现代人来说，篆书是非常新奇有趣的。汉字的每一种书体都有其独特的美学特质，因此设计者通过汉字创意设计，来营造出不同的艺术氛围，可使得受众有愉悦的审美。

2. 增加作品的信息含量

汉字创意设计作为一种艺术创作，需要面向受众，同时将一定的产品信息传递给受众。汉字作为文字的最重要的功能便是表意，在设计中使用汉字创意就需要在其中增加信息量，将设计者想要表达的想法完整地表达出来。文字相较于图形和色彩，具备更高的识别度，它可以为设计作品提供额外的说明性信息，使得作品观众群更加广泛。举例来说，"字在"是广东的一个文创品牌，这一文创品牌主要研发的是以汉字为主题的"文化茶"（见图4—6）。在该品牌中，将普洱茶通过工艺进行压制成为28个笔画，这28个不同的笔画是汉字的基本笔画构成。人们在对该系列产品进行体验的同时，可以将零散的笔画进行拼凑，组成完整的汉字，同时还能在这一过程中感悟"文化茶：文字化成茶"这一品牌价值，这也是文字创意设计所具备的信息传递功能的典型表现。

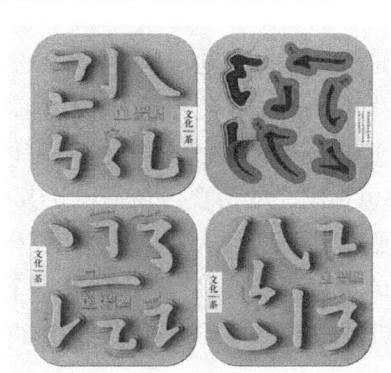

图4—6 "字在"以汉字为主题的"文化茶"

3. 传承历史文化汉字的演变

文字在发展的过程中与神话传说、民族迁徙、社会变化等有着密切的联系，其记载着中华民族几千年来的文化与精神。设计者可以取其精华，实现与现代化的设计手段的融合，以此将传统文化中的精髓在现代社会中发扬和延续。汉字在历史的发展过程中得以永续发展，得益于其可以满足人们在信息交流上的需求，还能让人们在心理上产生文化认同。我们应该对汉字创意设计给予充分的重视，使得人们在文化审美需求上得到满足的同时，拉动文化消费体验的提高，推动文化创意产业的繁荣发展。

（三）汉字创意设计的基本原则

1. 可识别性原则

在文化创意设计中，使用汉字元素不仅可以增强视觉效果，还能在对信息和内容进行传递的基础上尊重汉字所具备的表意属性。对此，在对汉字创意进行设计的时候应该使其有一定的辨识度。对于文化创意产品受众来说，无论设计者怎样重新设计、创新或修改字体的结构，最终的呈现的汉字创意设计效果必定要便于人们理解与解读，并与设计作品的艺术内涵一致，与设计作品的风格相协调，确保其文字元素在设计中有增色添彩的作用。在当前的设计领域中，对于汉字的设计基本上讲究两个方面：一是对称，这主要指的是文字应该在横向与纵向上可以实现一一对应；二是均衡，这指的是设计具备协调统一的设计结构。

从文化品牌建立的角度来说，采用简洁明了的设计风格和具有识别性的文字元素，有利于突出产品特色并成为标志，便于顾客识别和购买。就文创产品来说，形成品牌是至关重要的，文创产品只有具备独特的文化标识才能区别于同类的竞争品牌设计，也只有这样才能准确地定位目标受众，让受众产生独特的认同感，营造出有别于众多同类产品的差异化形象。在中国，许多知名的酒类品牌在进行商标设计的时候基本上使用古代的隶书或篆书等字体作为主要元素，这是为了通过这些字体让人们联想到酒品的历史，从而赋予其中国特色的标识。比如，中信书店主要在机场为人们提供服务（见图4—7），设计者利用上下排布的方式将"中"和"書"两个字的竖直线条连接在一起，给顾客留下难忘的印象。这种有针对性的文字设计为品牌塑造打下了坚实基础，也取得了显著的设计效果。

图4—7 中信书店 logo

2. 可协调性原则

艺术设计通常需要考虑诸多因素，单纯地以汉字作为设计的唯一要素是不够的。要想呈现出预期的设计效果，需要在汉字元素的基础上加入图形、色彩、构型、材质等其他元素，实现各个元素之间的相互配合，这就是设计的可协调性。尽管汉字在艺术功能上非常丰富，但是在设计中若仅仅使用这一个元素，以汉字为核心，那么设计创作就演变成了书法创作，因此在进行设计的时候应该对设计的综合属性进行强调，以保证最终呈现的艺术作品是具有多层次和多维度特点的。随着数字技术和多媒体的发展，文创设计作品的表现形式得以丰富，设计作品不再局限在平面上，而是经过多道工序，由多人共同完成，有着非常规范和科学的流程，对于设计品质的提升也有着积极的意义。在广东佛山的创意产业园有超过千家企业入驻，该创意园区在设计标志的时候就使用了大量的汉字元素，这是由多家的企业设计部门共同合作完成的。由此可见，在佛山创意产业园中已经完成了现代化的文化创意服务网络和行业链的构建。

（四）文创产业中汉字设计的审美特征

1. 力量美

在汉代之后，汉字作为一种书法逐渐成熟，当时的人们追求汉字书写的"瘦奇有神"。在唐朝时期，汉字书法开始走向了"浑圆写意"，这得益于唐朝的开放和包容。在汉字书写的横、折、撇、捺之间，笔画的粗细、浓淡和轻重都会出现相应的变化。我们在字体的背后可以看到书写者收放自如地落笔，在笔墨间呈现出动静结合的力量美。就像卫铄在《笔阵图》中所说的那样："下笔点画波撇屈曲，皆须尽一身之力而送之"[1]。现代艺术设计者深受汉字笔墨的力量美所影响。尽管汉字创意设计在平面艺术形式中并不具备像绘画那般突出的图像表现力，但通过书写和布局，它能够传达出动态而又美妙的力量感。人们可以在曲折的笔画书写中感知设计者的情感，在流动的线条与静态的局部结构衔接中感知设计者所要表达的思想。

汉字的魅力在于书写过程中所展现的力量美。为了让文创设计中体现这种美感，设计者必须对汉字的写作感进行周密的构思。书写汉字所用的笔画要求准确、流畅，每一条线条都有一种独特的力量，它们让人感觉仿佛能穿透纸张。同样是《笔阵图》中所说，"多力丰筋者圣，无力无筋者病"[2]。书写者通过在书法中注入

---

[1] 姜澄清:《中国画学术语释诂》，贵州大学出版社2013年版，第34页。
[2] 沈乐平:《行草艺术通讲》，浙江工商大学出版社2019年版，第236页。

力量来表明自身的风骨和思想。由此，我们也可以明确古人主张的力量美主要是精神层面的。设计者可通过总结和提炼古文字的特质，并运用新材料与新技术，来将汉字独特的力量美展现出来，以实现对笔墨技艺的追求。

2. 结构美

汉字有着非常多的构造形式，不管是何构造都有着其自身独特的美和魅力，具体包含：①独体结构，独体结构出现的文字笔画较少，因为只具备一个部件，因此会呈现出一种凝练的形体美；②品字结构，这种结构的汉字基本上下面的部分比上面紧密，整体结构看起来比较稳定，重心位于中间偏下的位置，堆叠的感觉非常明显；③左右结构，这种结构的汉字在组成上基本上是两个部件，注重横向排列方式，常使用较弱的偏旁，以此来对主体进行突出，蕴含着古代组合成字的艺术思想；④包围结构，包含全包围结构及半包围结构。全包围结构中，方块造型是核心，给人视觉上的周正之美；半包围结构是一种开放式的结构形式，它并未完全包裹文字，将汉字所具有的圆润且方正的特点完美地展现了出来；⑤上下结构，该结构沿着纵向方向发展而成，可以呈现出上下两个部分的视觉重点，整体呈现出非常强烈的结构美感。汉字独特的结构之美可在文创产品设计领域得到广泛应用，其也可以为设计者提供极佳的启示和灵感。

在《书谱》里，孙过庭说："初学分布，但求平正。"① 笪重光在《书筏》中云："横不能平，竖不能直，腕不能展，目不能注。"② 立足于整体看待汉字，均衡平正是最为基本的特点，因此在文化创意设计中设计师应予以关注。除此之外，汉字的各个构成部分并不是孤立存在的，而是相互关联、互相映衬的，由此各个部分之间形成了一种紧密的联系。正因如此，才能使得那些结构较为复杂的汉字看上去也像是一气呵成的，有着绵延贯通的笔势。举例来说，在"喜鹊造字"品牌设计的茶具中，设计师采用了一种独特的制作方式，他们将汉字的小部件制成实体的立方体，并以其为基础，在其周围画了一系列脚手架。

3. 意象美

刘恕在《通鉴外纪》说，"仓颉见鸟兽之迹，体类象形而制字"③。中国最古老的文字记录了生产和劳动中发生的事情，最初使用的是图画形式，之后逐渐演变成了象形文字。汉字脱身于象形文字，是在保留图形化特征的基础上的抽象符号。

---

① 湖北省书学研究会：《书法教学通论》，长江文艺出版社1989年版，第55页。
② 陶明君：《中国书论辞典》，湖南美术出版社2001年版，第440页。
③ 刘正：《商周图像文字研究》，上海书店出版社2013年版，第106页。

例如，唐代的书法家李阳冰热衷于从自然界的景象中领略汉字的意象之美，他曾自称"于天地山川，得方圆流峙之形；于日月星辰，得经纬昭回之度"[①]。一般来说，诗人在对意象进行选取的时候非常慎重，通常赋予意象非常丰富的意蕴，寄托着作者的情感。意象在汉字文创设计中应该与其本身的含义有所关联，还应该可以实现与受众之间的情感连接，使得汉字文创有着含蓄的东方意境美。设计者要想让一个汉字蕴含着丰富和深邃的意象就需要反复研究和推敲汉字，对汉字本身所具有的含义进行深入思考，并且参考古代书法，从中汲取灵感。

举例来说，在北京奥运会中，奥运会的标志设计实现了对"京"字造型的巧妙运用（见图4—8），"京"字形象地表现了运动员正在奔跑的场景，呼应了奥运"更快、更高、更强"的精神，让人有着深刻的印象。因此，设计者在进行文创设计的时候应该牢牢把握汉字所具有的意象美特征，借助汉字独特的字形来对特定的含义进行表达，将汉字背后所蕴含的内涵深入挖掘和展现出来，为设计的作品营造出合适的艺术境界，进而充分展现汉字创意设计中的"创意"特点。在馆藏书籍纪念品设计中，上海图书馆将繁体字"淚"进行了拆分处理，分为三个部分，分别是：①左偏旁的三点水，这主要表现为雨水；②右侧的"户"，这在设计的时候主要画成了建筑物的屋檐；③"犬"，这被描绘成一只小狗的形象。画面中利用屋檐下的犬来表现"泪"中蕴含的忧伤情感，呈现出一种非常有趣的意境。这些设计不仅巧妙地将字形与寓意相结合，而且也增强了纪念品的艺术价值。

图4—8　北京奥运会标志

---

① 陶明君：《中国书论辞典》，湖南美术出版社2001年版，第315页。

三、地域文化元素的应用

（一）地域文化的概念和特点

1. 地域文化的基本概念

地域文化一般指在某个区域形成的独特文化，是具备独特的精神特征和物质特征的文化形态，地域文化依托于地区的人文资源和自然资源，展现了某一区域特定的文化特征。比如，江苏省南通市地处大江大海的交汇处，有着鲜明的区域文化特色，其在明末清初时期就施行了开放性政策，将先进的生产力和文化引进区域中，促进了城市的发展，这也使得其成为"中国近代第一城"。南通市基于此形成的文化既传统也充满活力，实现了对经济的推动作用。

2. 地域文化的主要特点

地域文化的定义并非只依据地区的环境特色和地理位置。一般来说，在长期的发展中，本地区所形成的文化内容都属于地域文化。我们要想对地区的地域文化有深入了解，就需要对相关的背景资料进行调查和研究。通常来说地域文化具备以下特色：普遍性、独特性、影响性、差异性、渗透性、继承性。

（二）地域文化元素在文创产品中的具体应用

1. 产品设计中的转化思路

设计者在产品设计的过程中，应该对地域元素进行提取和转换，一般来说，转化地域元素涉及两个方面：一是具象转化，二是抽象转化。

（1）具象转化

文化元素在我国各个地方存在差异，各个文化元素都具有各自独特的意义。不管是从传统服饰、传统建筑中，还是在传统器物中，都能找到可以在文创设计中运用的元素。利用这些元素，文创产品可以更直接地呈现地域特色，从而增加产品的文化内涵。祥云在中国传统纹样中属于最为基本和常见的纹样，在中国传统建筑和绘画中很多都采用祥云来表达美好、幸福与吉祥。在我国的2008年北京奥运会的时候，祥云也被运用到了火炬的设计之中（见图4—9）。通过观察火炬，我们可以看到，祥云的纹饰可以在满足实际使用需求的基础上展现了我国深厚的文化内涵。

图 4—9　2008 年奥运会火炬设计

（2）抽象转化

传统文化所承载的价值理念和民族精神往往具有高度的抽象性，这种文化常常通过人们的日常行为和生活方式来体现。只有在设计得当的情况下，文创产品才能真正地展现出其独特创意价值。"上上签"在我国的古代有着非常好的寓意，代表着好运、顺利。据此，设计出的牙签代表着使用该产品的人每天都有好运，充满美好。设计者将我国的传统文化寓意融入设计之中，让每一位消费者都可以获得美好的祝愿，收获好的心情。

图 4—10　上上签牙签

2. 产品设计中的应用方式

（1）拼接

拼接指的是在一个物品上直接放置某个产品的符号，以此来完整表达产品原本的逻辑关系。一般来说，我国传统色彩纹样和材料可以作为拼接符号。在文创产品中，通过对此类材料的运用可以丰富产品内在的文化价值。

（2）嫁接

嫁接，是一种更为深入的设计方式，它通常涉及将两种或多种不同的文化元素、艺术风格或设计理念进行有机结合。这种结合不是简单的叠加或拼接，而是需要设计师对不同的文化、艺术和设计理念有深入的理解和掌握，以便能够找到它们之间的共同点和互补性，从而创造出既具有创新性又具有文化内涵的文创产品。

（三）基于文化元素本身的产品设计模式

1. 产品设计中的"传神"和"达意"

我们将地域元素融入文创产品之中，可以使得文化内涵依靠有效的产品表达出来，让更多的人可以对其意义有所了解。通过这种方式，我们不仅可以增进对该地区的认知，同时也能更深刻地体悟地域文化所体现的情感基础。鉴于此，设计者在开展设计活动的时候，首先应该对地域文化的特点进行了解和掌握，并且提炼价值，利用特殊的符号形式来表达这些特点和价值。文创设计者只有对产品自身核心价值进行把握的基础上才能实现文化意义与视觉美感的有机结合。

2. 文化元素的语意转换

文化元素中的语意转换具体包含两个方面的内容：一是对于形状和内涵的表达，二是造型设计。形状和内涵的表达这主要指的是在产品设计的时候，应该对色彩的搭配进行重视，强调产品的整体造型。在对相关的元素进行处理的时候，应该将其与地域元素的本质实现紧密结合，只有这样才能将地域文化所具有的特色表达出来。此外，在表达文创产品内涵时，我们应重视其内在的抽象意义，避免使用过于直接的符号来进行表达。因此，在设计中，我们应该重视其逻辑性的特点，保证可以准确表达出产品的含义。在塑造形状和内涵的时候应该把握这二者之间的联系。一般来说，文创产品在表达内涵的时候是通过符号的形式，因此在这二者结合的时候也应该借助合适的方式来实现转化。

3. 叙事性设计模式

首先，设计者在设计文创产品的时候，应该明确设计方法在设计中的重要性。用户的体验对于文创产品而言是非常重要的，因此，设计者应该将故事内容融入产品之中，让用户增强体验感，激发情感共鸣。也就是说，我们在对叙事性设计方式进行应用的时候，应该融合产品的物质和精神属性，让人们在使用产品的时候可以感知产品中的思想，激发人们的情感共鸣。

其次，文创产品在进行叙事设计的时候，应该为产品创设相关的情境，一般情境中包含人（用户）、物品（文创产品）、环境（地域环境）。

四、传统节日元素的应用

（一）中国传统节日概述

我国有着悠久的历史，有着深厚的文化底蕴，在千年来的发展中，传统节日成为记录社会生活与文化的重要载体，成为传统文化的重要组成，是中华民族珍贵的精神文化遗产。过去有许多传统节日，随着时间的推移，社会生活不断变迁，已经逐渐式微，甚至已经不再存在。就像费孝通先生曾经说的："凡是昔日曾满足过昔日人们的需要的器物和行为方式，而不能满足当前人们的需要，也就会被人们所抛弃，成为死的历史了。"① 有些传统节日之所以被广泛流传并继承下来，是因为它们蕴含的内涵、习俗传说、传统食品等与人们长期以来的需求和审美相契合。而现代生活方式的快节奏、西方文化的影响及年轻一代对传统节日的缺乏兴趣和理解都是导致传统节日逐渐被遗忘的原因。随着我国社会的发展，战略方针也在发生变化，国家越来越重视传统节日，越来越重视传统文化。

（二）中国传统节日元素符号分类

中华文化促进会副主席金坚范认为，在当代这样一个全球文化大染缸里，中国传统节日想要被民众尤其是年轻人快速切入，其方式是符号和简易形象。所有可以传承至今的传统节日，无论是已经不再是主流的节日，还是当前仍被广泛庆祝的节日，都不是由某一种特定的活动或形象而存在和形成的。任何一个节日都经历了几百年甚至几千年的文化沉淀，蕴含着非常丰富的文化内涵，成为中国传统文化的重要符号。我们把中国传统文化符号划分为两种：一是物质文化符号，二是精神文化符号。

（三）常见中国传统节日介绍

1. 七夕节

（1）七夕节的起源与发展

七月七日为"乞巧节"，也称七夕节、香桥会，此时处于棉花收获之前。这一天，家中的女孩子一般会向七仙女中的织女祈求巧手，使其缝纫女红更加娴熟

---

① 费孝通:《费孝通文化随笔》，群言出版社2000年版，第329页。

精巧。各地乞巧的风俗不同，山东曲阜有七夕节制"巧果"作供品的风俗。北方地区乞巧节的饮食主要有面条、水饺、馒头、烙果子等，有些地方还会做一种带有各种吉祥图案的油炸面片食品，也称"巧果"。

（2）七夕节元素提取

七夕节在阴历七月初七举行。七夕节所具有的特定元素可以分为两种：显性符号，一般为传说、喜鹊、鹊桥等；隐性符号，包含乞巧、姻缘、长寿等七夕所蕴含的思想与习俗文化。

在七夕节的起源和发展中，"牛郎织女"的故事一直存在，并且成为节日中最有特点的构成。传说中，为了让牛郎和织女相间，喜鹊作为神鸟为他们搭建了鹊桥。设计者设计出了七夕节文创台灯（见图4—11）。在台灯中，有一座桥梁，桥上有两只小喜鹊，他们像牛郎织女一样，不能相聚一起。当两只小喜鹊相互靠近时，台灯亮起；反之，当它们分开时，台灯熄灭。这种设置使得台灯的操作不再单调乏味，给人留下深刻而有趣的印象，同时也与牛郎织女的故事相契合。

图4—11　七夕节文创台灯

2. 中秋节

（1）中秋节的起源与发展

中秋节是我国传统的重要节日，在阴历八月十五这一天庆祝，因此也被称作秋节、八月节、八月会等不同的名称。此外，在这一天月亮有着重要的变化，古时候人们对于月亮又有一种娱乐和崇拜的心理，由此得名月夕、追月节、玩月节和拜月节。

民间将吴刚伐桂、嫦娥奔月、玉兔捣药等传说与中秋节融合，进一步丰富了中秋节的文化内涵。此日有赏月、拜月、食用月饼的风俗。月属阴，因此俗语有"男不拜月，女不祭灶"的说法。拜月之后，阖家赏月饮宴吃月饼，有的地方还会召集乡亲族人畅饮游戏，孩子们则会将祭祀后的"兔子神"当玩具。在我国普遍将中秋节视为亲友团聚的重要节日。

（2）中秋节元素提取

我们在对中秋节的特定元素符号进行整理的时候可以使用符号分类法，具体可以分为嫦娥、玉兔、月饼等以月亮为中心的显性符号和团圆、姻缘、子嗣等隐性符号。

在民间传说中，嫦娥是广寒宫的主人，而玉兔则是陪伴嫦娥仙子身边的"宠物"。人们将嫦娥神化的同时，也将玉兔一并艺术化、人格化，乃至神化了。明代以来，中国人民就一直有祭祀"兔儿爷"的传统。明纪坤在《花王阁剩稿》中记载："京中秋节多以泥抟兔形，衣冠踞坐如人状，儿女祀而拜之。"[①] 随着时间的推移，"兔儿爷"（见图4—12）已经演变成为儿童在中秋节时玩耍的玩具。今天，"兔儿爷"作为"中秋形象大使"，被设计者融入诸多现代审美特征，形态更加规则、制作更加精准、形象也更为萌动。

图4—12 "兔儿爷"泥塑

3. 重阳节

中国传统的节日重阳节是每年的阴历九月初九，别称重九节、双九节、登高节、茱萸节、菊花节、老年节。

（1）重阳节的起源与发展

"重阳"名称得名于古籍《易经》中的"阳爻为九"。在《易经》中，把"六"定为阴数，把"九"定为阳数，又为"极数"，指天之高为"九重"。"九"为老阳，是阳极数，两个阳极数重在一起，九九归一，一元复始，万象更新。因此，古人

---

① 郑先兴：《民间信仰与汉代生肖图像研究》，河南大学出版社2012年版，第91页。

认为重阳是一个值得庆贺的吉祥日子。在古代有饮宴祈寿之俗。明代张岱著《夜航船》云："九为阳数，其日与月并应，故曰重阳"[①]。

（2）重阳节元素提取

我们在对重阳节的特点元素符号进行整理时，可以按照符号分类法进行整理，有登高、喝菊花酒、吃重阳糕等在内的显性符号，有健康、长寿等在内的隐性符号。

从重阳节的起源到后代的发展，登高活动一直是一项非常重要的传统习俗。人们通常会选择高山和陡峭的山峰，而缺少这种地形的地区则会选择高塔、高楼等建筑露台进行娱乐活动。因此，在重阳节中，高山具有重要的地位。此外，由于中国传统文化中笔墨之士对于大自然中的高山奇峰颇具迷恋之情，他们往往在诗歌和绘画中致力于表达对山峦的喜爱与膜拜。所以可将高山符号运用到设计之中，市场上常常出现高山与台灯等文创产品相结合的产品，以此营造独特的艺术氛围（见图4—13）。

图4—13　以登山为创意设计的台灯

五、生活民俗元素的应用

日常生活无非是衣食住行，但就是在这些穿衣戴帽、饮食起居的细枝末节之中，最能体现出一个地区民间所特有的独特习俗。这些习俗是活着的"非物质文化遗产"，是保持文化多样性最重要的文化沃土。

---

① 徐寒：《中华私家藏书：第二十六卷》，中国工人出版社2001年版，第14956页。

（一）服饰民俗

在我国古代封建社会时期，"冠"的不同样式是社会等级的重要象征。故宫文创的产品设计中，大量使用不同类型的来区分不同人偶的角色。明代官员佩戴"乌纱冠"，因而很好辨认（见图4—14、图4—15）。清代官员的官帽称为"大帽"，夏季所戴的名"凉帽"，冬季所戴的称"暖帽"。凉帽为圆锥形，用藤、竹、篾席、麦秸等编成，外裹绫罗，颜色多为白色，也有湖色及黄色，顶上装有红缨、顶珠，制同暖帽。故宫文创产品推出的"御前侍卫桌面便笺夹"（见图4—16）与"勤政亲贤手机座"（见图4—17）中的人物形象便佩戴着"凉帽"，两者所不同之处是御前侍卫所佩戴的是单层，而皇帝佩戴的是多层凉帽。暖帽为圆形，周围有一道檐边，材料多为皮质，也有缎质、呢质、布质。暖帽中间装饰有用红色丝绦编成的帽纬，俗称"红缨"。帽纬之上装有顶珠，按品级而异，无品则无顶。

图4—14 故宫点头娃娃状元郎

图4—15 故宫锦衣卫桌面手机座

图4—16 御前侍卫桌面便笺夹

图4—17 勤政亲贤手机座

2008年北京奥运会上，体操运动员李宁高空漫步点燃了火炬，也把"李宁"

的品牌认知度推上了一个高峰。2009年，李宁国内销售收入超过多个国际知名运动品牌。2010年之后，李宁公司产品销售出现萎缩，品牌被迫转型。2012—2014年连续三年亏损，累计亏损31亿元。为改变这种被动的处境，李宁服装从运动视角出发，将中国传统服饰元素与潮流时尚相结合，在服装设计中大量借鉴中国传统服饰中刺绣、补服、图案等元素，大大改变了李宁运动品牌之前呆板的印象。李宁"悟道"系列服装以"自省、自悟、自创"为精神内涵，用运动视角表现对中国传统文化和现代潮流时尚的理解与融合，大胆使用红、黄、白、黑等色彩。"虎鹤双形"（见图4—18）"云中白鹤"系列卫衣，用刺绣工艺表达中国传统工艺，虎之刚劲威猛、鹤之柔韧灵速，用虎的气与力、鹤的精与神结合，表达刚柔并济的状态。

图4—18 李宁"虎鹤双形"系列卫衣

2018年2月，李宁服装亮相纽约时装周，出乎意料地惊艳全场，成为首个亮相该时装周的中国运动品牌。同年6月，李宁服装产品再战巴黎时装周，仅用了4个月的时间，李宁就上升为"国货之光"，并从一个单纯的运动品牌逐渐转型为"国潮"的代表品牌。新品不但成为各路明星的街拍利器，更让普通消费者趋之若鹜。

（二）饮食民俗

俗话说"人以食为天"。战国时期，我国即有以热汤涮煮食材的方式，因食物投入沸水时发出的"咕咚"声而得名"古董羹"；在宋朝的民间，火锅的吃法在饮食中非常常见，在南宋林洪的《山家清供》食谱中就记载着其与友人一起吃火锅的情形；火锅在元朝开始流传到内蒙古，该地区人们主要用来煮牛羊肉；在清朝时期，在宫廷中已经出现了各种涮肉火锅。火锅作为中国独有的饮食方式，就餐者因为圆形的火锅围成一个圆圈，这与中国人重视团圆的习俗相吻合。

清光绪清银寿字火锅（见图4—19），由锅、盖、烟囱、闭火盖组成，锅内带炉，可用于烧炭。火锅的闭火盖上雕有镂空"卍"字纹，锅体满布金银圆"寿"字、长"寿"字、蝙蝠纹等，寓"福寿万年"之意。此锅用料讲活，微工精细，造型完美，是清代晚期慈禧太后经常使用的火锅。

故宫博物院文创旗舰店推出的"紫禁祥云火锅积木玩具"产品，以"银寿字火锅"为设计原型，通过不同的形态、质感、色彩搭配，手脑眼并用，以提高儿童的形态组合与色彩感知能力（见图4—20）。

图4—19　清光绪清银寿字火锅　　　　图4—20　紫禁祥云火锅积木玩具

（三）居住民俗

古代北方民居多以四合院为主，其建筑思路也多出自"守备"的需要。四合院格局一般多为一进、二进、三进，对应的布局结构类似于"口"字形、"日"字形和"目"字形。"目"字形的"三进"四合院已属于大宅。这种建筑往往坐北朝南，宅门位于四合院东南角。这是八卦之中"巽"的方位（东南），东南方在五行中为风，为通风之处，所以东南方的宅门叫"巽门"。大门建筑在结构上与最南的"倒座房"往往属同一建筑，宅门对面建影壁，用于遮挡视线，防止煞气。进入大门后向左通过屏门便是前院，与宅门相连的建筑因坐南朝北，门向北开，因而被称为"倒座房"，也可称南房。堂屋东西两侧相对的房屋为东、西厢房，两排厢房以东为尊。旧时一个家庭，若有两子成婚后没有分家另住，往往东厢房住兄嫂，西厢房住弟媳。若家中只有一子独住，西厢房也可住佣人长工或租客。一般情况下，中庭内院可植双数海棠、柿子、石榴等树木，忌植松、柏、桑、槐、梨、枣树等。庭院中也常放置大缸，平时用于蓄水，突发火灾时用于救火，因此发生火灾谓之"走水"。

北京的故宫是明清两朝的皇家宫殿建筑，古时候被称为紫禁城，故宫位于北京中轴线上，处于中心地位。故宫中心为三大殿，即太和殿、中和殿、保和殿（见图4—21），故宫占地面积约72万平方米，有约15万平方米的建筑面积，有超过70座的宫殿，有9000多间房屋。北京的故宫建筑有外朝和内廷之分，一般会在外朝举行大型典礼。

图4—21　北京故宫太和殿、中和殿、保和殿

故宫博物院文创旗舰店推出的"中国传统古建筑积木玩具"产品（见图4—22），以"紫禁城"为设计原型，包括午门、金水桥、太和门、太和殿、中和殿、保和殿等典型建筑。通过想象力，还可以任意搭建出其他中式建筑，手脑眼并用，以提高儿童的形态组合与色彩感知能力。

图4—22　故宫文创"中国传统古建筑积木玩具"

（四）社交民俗

人是社会性的动物，是整个社会组织关系中彼此相互连接的一个最小单元。婴儿从呱呱坠地之时便具备了与生俱来的社会关系。向上可依据父精母血，连接起父亲、祖父母、兄姐、叔伯、姑婶、堂兄姐等族亲关系，以及外祖父母、姨舅、表兄姐等外戚关系。随着个人的成长；向下又逐步连接夫妻、子侄、公婆、翁婿、妯娌等关系，对外还要延续扩展世交、邻里、乡党、师生、同窗、同事等社会关系。因此，人自诞生之日起，其所继承的并非只是家庭的财富和文化教养，还会继承这个家庭所赋予的一组复杂有序的社会关系,并扮演着相应的社会角色,承担与之相匹配的社会责任。我国受儒家文化影响,重视"父慈子孝,兄友弟恭,内诚外平",倡导"仁、义、礼、智、信、忠、孝、悌、忍、善",遵从"父子有亲,君臣有义,夫妇有别,长幼有序,朋友有信"的社会关系信条。

1. 婚嫁礼俗

"千工床、万工轿"是清末民初浙江一带"十里红妆"嫁女文化的典型器物。浙江象山的"千工床"集朱金木雕、泥金彩漆、螺钿镶嵌、栲头拼攒、薄意玉璧等工艺于一身。床围有雕刻和绘画,在床外是层层叠叠的楼阁挂面,它们被装饰得非常精美,用了很多金箔和朱漆,表达了热烈的喜庆气氛。此外,还提供了一系列生活用品,如梳妆台、点心盒、文具盒、卫生间等设施,应有尽有。

明代"霓裳阁"所制造的嫁衣以红色锦缎沟底,上绣凤凰纹样,下饰海水江崖纹,边缘点缀金纹,裙摆及地三尺,摇曳生姿,美轮美奂。东莞市微石塑胺金属科技有限公司"拼酷(PIECECOOL)"品牌推出的"十里红妆"系列立体拼图文创产品(见图4—23),将凤冠、嫁衣、宫灯、千工床、万工轿等传统婚俗中重要的器物以金属拼图的形式,再现出来。

图4—23 "拼酷(PIECECOOL)"品牌"十里红妆"系列立体拼图文创产品

2. 生育礼俗

生儿育女在传统社会是大喜事,与上梁盖屋、结婚等齐,因此,古时妇女怀孕称为"有喜""得喜"了。旧时妇女一旦怀孕,丈夫往往会带着鸡鸭鱼肉去媳妇娘家道喜,并在其门口燃放鞭炮。婴儿降生百日,身体日渐结实强壮,家人也会举行相应的庆祝,叫"做百日""过百岁"等。这一天,各地大都会为孩子举行穿衣仪式，给孩子戴上长命锁、手镯、脚镯、帽子等物品，身上穿戴尽量齐全。待孩子穿戴整齐后，还要坐布老虎，此时家人会将准备好的糖果、花生等大把大把地向天上撒，任由人们哄抢。北方有些地区，姥姥（外婆）还会为孩子扎条裤子作为贺礼，裤腿中一般会放置馍馍、核桃、硬币等物品。给孩子穿裤子时，孩子会将裤子里的东西蹬出来，家长同时会说"左蹬馍、右蹬钱，孩子活到万万年。"过"百岁"所有的活动，充满了为孩子祈福祈岁的意味。

孩子满一岁，古称"周晬"，现称"周岁"，家长会宴请亲朋好友，客人也会为孩子送上各式礼物。旧时这一天会孩子举行"抓周"仪式，观察孩子的兴趣爱好，预测孩子长大成人后的事业走势。依各地民俗不同，家长会在簸箕、升、桌子上摆放文房四宝、算盘尺子、弓箭珍宝、针头线脑、玩具糕点等各式器物，任由孩子抓取（见图4—24）。如果孩子抓取印章，则谓长大后官运亨通；若抓文具则会考取功名；若抓算盘，必成陶朱事业等。这种活动多半是家庭游戏，付之一笑而已，很少有人相信此举就会决定孩子的前途命运。孩子过完三岁生日，表示婴儿时期结束了，此后每逢孩子生日，家长仍然会给孩子准备美食，赠予礼物，以表达对孩子的美好祝愿。

图4—24 "抓周"文创产品

六、博物馆元素的提取与应用

（一）博物馆自身元素

博物馆自身的建筑造型不仅是其物理存在的展现，更是一个独特的文化符号和视觉元素。作为设计元素，博物馆建筑造型的运用不仅能增强产品的视觉冲击力，还能在传递博物馆文化内涵的同时提升品牌形象，从而在激烈的市场竞争中脱颖而出。博物馆作为文化的载体，其建筑造型往往具有鲜明的时代特色和地域特征，这些独特的形象一旦被转化为设计语言，就能在产品中形成辨识度极高的视觉符号。通过这些符号，消费者可以迅速识别产品背后的文化属性，建立起与博物馆的情感联系。此外，博物馆建筑造型在文创产品设计中的应用，也是一种品牌战略。博物馆建筑不仅仅是实体的空间，还是博物馆的视觉代表和品牌象征。通过将这一元素融入文创产品设计中，博物馆可以巧妙地进行品牌宣传，提升其文化影响力。这种设计策略可以吸引更多人进入博物馆参观学习，从而实现文化的有效传播和商业价值的双重提升。

文化的产生和发展与符号系统息息相关，符号不仅是文化表达的工具，也是连接人们与文化的桥梁。苏州博物馆特制的建筑风格钥匙环设计取材于该馆的标志性建筑。这一设计虽然简化了建筑的复杂轮廓，但通过抽象的几何形状勾画出建筑的基本线条，呈现了一种简洁与新颖的美感。这种设计不仅传递了建筑师追求的"国际化而不失地域特色"的理念，还巧妙地将这一概念融入了文化创意产品的视觉设计，使得博物馆的建筑文化和公众的认知得到了有机的结合（见图4—25）。

图4—25 苏州博物馆建筑风格钥匙扣

大英博物馆则是在其logo上做足了文章，由其设计并发售的大英博物馆手提袋（见图4—26）采用了极简的设计风格，白色的手提袋与黑色的logo形成了强烈的视觉对比，大英博物馆的logo也变得符号化。在大英博物馆对其logo的多种形态变形和应用中，涵盖了大英博物馆的建馆理念、设计思想，以及对于历史的情感和其深入人心的视觉形象。设计是表现情感有意味形式的符号，它对于符号的创作并不是对于个体，而是面向整体的实际情感。这也使大英博物馆的 logo 形成了博物馆最好的广告，加深了人们视觉识别系统的记忆。

图 4—26　大英博物馆手提袋

（二）馆藏文物元素

博物馆文物不仅是深厚历史底蕴的见证，还承载了无数的故事与文化意义。在博物馆文创产品设计中，将馆藏文物作为视觉元素融入，不仅可以增强产品的文化性和艺术性，还能够提升公众对博物馆的兴趣和文化传承的认识。博物馆文创产品设计中的视觉元素通常涵盖图形、色彩、材质、构图等多方面，而馆藏文物的独特性在于其不可复制的历史价值、艺术风格和文化特征。文物本身是历史的见证，具有真实性和权威性，这为文创产品提供了独特的视觉资源。例如，故宫博物院的文创产品就广泛应用了清代宫廷画作、龙袍图案等元素，这些视觉元素的复刻和应用不仅使得文创产品具有很高的辨识度，而且也让公众在日常生活中感受到传统文化的魅力。在博物馆文创产品设计中，文物的历史性和艺术性是其视觉元素独特性的重要体现。历史性体现在文物的年代、来源、背后的故事等方面，这些信息为文创产品注入了时间的深度和文化的厚重感。艺术性则体现在文物的造型、色彩、纹饰等方面，这些艺术表现形式或精致、或雄浑，能够在视觉上给人以美的享受和艺术的启迪。同时，馆藏文物在博物馆文创产品设计中的应用，还有助于深化公众对博物馆品牌的记忆。将文物图像、色彩和形态转化为文创产品的设计元素，可以让公众在使用这些文创产品时，加深对博物馆品牌和馆藏精品的记忆。这种记忆的深化不仅促进了文物的社会传播，也让文物的文化价值得到了新的生命。

博物馆在从馆藏文物中提取视觉元素以设计文创产品时，需确保既保持原有文物的文化底蕴，又符合现代审美和市场需求。设计者在提取视觉元素时，需深入研究文物背后的历史、文化和艺术价值,并在设计中保留这一核心内涵;设计应遵循创新性原则,不能只单纯地复制文物图案,还需结合现代设计理念和技术进行创新性设计,使文创产品既有传统韵味又不失现代感,以满足不同消费者的需求。此外,文创产品不仅是艺术品,更是要投入市场流通的商品。因此,在维护艺术价值的同时,还需考虑产品的实用性,确保产品不仅外观吸引人,还能满足消费者的使用需求;在从文物中提取视觉元素时,需确保在设计生产过程中不会对原物造成损害,同时要充分展示文物的魅力。

绮丝妙想·金瓯永固窄长巾的纹样元素提取源自故宫博物院的金瓯永固杯的(见图4—27)。在设计上以金瓯永固杯身錾刻的缠枝宝相花为创作元素,通过对于博物馆藏品金瓯永固杯中复杂的缠枝宝相花花纹的扁平化的变形,以及线条粗细转折变化来反映图形设计的层次和韵律。将花纹中所传达的江山永固、国泰民安的文化元素融入其中。提取杯身点翠配色,搭配金色、蓝色和红色,金色给人高贵典雅的感觉,蓝色则是沉稳大气,金色与蓝色的搭配多出现在传统的仪式上,辅助红色点翠,更凸显了颜色上庄重的感受,体现了金瓯永固杯的经典之美与时尚设计的融合。

图4—27 绮丝妙想·金瓯永固窄长巾

(三)地域文化元素

博物馆与地域文化及其包含的民族元素和名人故事元素有着密切的联系,而且独具地方特色的博物馆因为其独特的地域文化风情更成为游客们争相游览打卡的聚集地。在设计的过程中,博物馆文创产品视觉设计元素的选择可从地域文化中汲取灵感,用适合地方特色和地方风情的代表元素、代表纹样来充实视觉设计元素的选择,从而达到历史文化与现代认知的契合(见图4—28)。

图 4—28　敦煌博物馆九色鹿桑蚕丝巾方巾

由敦煌研究院设计制作的伎乐天伞具（见图 4—29）颇具敦煌地域风情，它采用了敦煌飞天这一图案元素，通过色块与线条相结合的手法，将飞天这一传统元素归纳出来。色彩是地域文化中最突出的设计因素，敦煌的壁画中更多的是对色彩和线条的掌控，而波普风格则能很好地通过线条与颜色上的变化和搭配给受众更为直接的视觉冲击。在同波普风的结合上，字体方面则是运用了非衬线英文字体变形，紧凑的字体间距与夸张、疏朗的图形形成强烈的对比，体现了设计感。色彩上配合红、青、金三色的搭配方式，更是波普风用极少的颜色对比来展现最大的视觉冲击的有力佐证。整体给人东西融合、神韵盛隆的感觉，这也是敦煌文化给人们留下的最深刻的印象。

图 4—29　伎乐天伞具

七、民间工艺元素的应用

(一)中国传统手工艺的基本概念及分类

1. 中国传统手工艺的基本概念

中国历史悠久,孕育了独特而深厚的文化艺术遗产。这些遗产通过岁月的精练,铸就了一系列的复杂而深邃的文化艺术形式。手工艺术作为文化的一个侧面,反映了文明的演进与时代的印记。它起源于原始社会,当时人们用天然材料制作工具,而后伴随着农业到工业的过渡,它一直是生活和生产方式的核心。手工艺不仅是宫廷与民间传统的实用与美学的融合,而且在不同的历史阶段,它记录了社会背景与技术进步。

2. 中国传统手工艺的分类

手工艺的多样性通过历史的沉淀得以展现,形成了丰富多彩的流派和品类。基于不同的材料,如纸、竹、木、泥、陶,以及草柳等各式制作工艺,手工艺品种繁多。按使用性质分为两类:一类强调实用性,如陶瓷器与编织品;另一类则专注于观赏和娱乐,如剪纸、泥塑和年画,这些都是为了满足人们的精神文化需求而创造的艺术品。

(二)中国传统手工艺的艺术特点

1. 传统手工艺的民族性

地域多样性是中国传统手工艺民族性的一大体现。中国幅员辽阔,地理环境多样,各地的自然资源和社会习俗各异,这些差异直接催生并形成了区域特色鲜明的手工艺。例如,江南地区依托水乡环境,发展出了细腻而精湛的丝绸编织技艺;而干燥的西北地区,则擅长以毛毡为材料制作日用品。这些工艺品不仅在技法上各具特色,更在设计和装饰上呈现出地域文化的独特风貌,如苏绣和蜀绣在图案和色彩上的迥异,便是地域文化差异的直观体现。

中国传统手工艺具有丰富的中国传统文化民族特征及区域特征。以传统手工艺布老虎为例,由于各地区的风土人情不同,布老虎呈现的形态也不尽相同。山西的布老虎(见图4—30)气势威武,四肢健硕;陕西的布老虎一般都使用"五毒"图案(见图4—31);山东布老虎(见图4—32)形态比较乖巧,更像是小猫,但依然能够体现百兽之王的威猛。由此可见,不同地域的传统手工艺表现的工艺美术风格截然不同,却又相辅相成,形成了各自地域的独特性,而中华民族性的体现正是地域性的和谐统一。

图4—30 山西的布老虎

图4—31 陕西的布老虎

图4—32 山东布老虎

多数手工艺品都承载着创作者对美好生活的向往和对美的追求，这种诉求往往通过工艺品的制作工艺和艺术表现来传达。例如，在制作紫砂壶时，工匠不仅追求壶的实用性，还要在壶体上刻画山水、诗文等元素，以表现他们对自然和文化的崇敬与爱好。通过这些精巧的手工艺品，我们能够感受到创作者对和谐、美满生活的期盼和对传统文化的敬仰。

民间文学和戏曲中蕴含的故事、人物、象征和意象，经常被手工艺人运用到工艺品的制作中。例如，皮影戏中的人物造型和故事情节，就被广泛用于皮影制作之中，使得这些手工艺品不只是一件件静态的物品，而是具有叙事性的文化符号。它们在传递传统文化的同时，也让工艺品本身变得生动而富有故事性。

中国传统手工艺的民族性是多元文化交融和历史沉淀的产物。它在地域多样性的基础上，融入了创作者的情感诉求，在与民间文学、戏曲的融合过程中，进一步丰富了其文化内涵。这些手工艺不仅是实用物品的制造，更是中华民族精神文化的重要载体，是中华文明多样性和创造力的生动体现。

2. 传统手工艺的传承性

中国传统手工艺，作为文化遗产的重要组成部分，承载着民族文化的独特性和历史的延续性。手工艺品的形式多样、内容丰富，它们不仅是工艺美术的实物体现，也是民族精神和社会生活的缩影。

手工艺人是传统工艺传承的主体。长期以来，这些技艺及其制作方法主要依靠口口相传和实践操作来进行教授和学习。老一辈的手工艺人通过严谨的徒弟制度，将自己的知识和技能传授给徒弟。这种方式保障了技艺的原汁原味传递，同时也确保了传统工艺的高水准和精湛的技术性。然而，随着现代化进程的加快，这种传统的师承关系面临着断裂的风险。为了应对这一挑战，一些国家级非物质文化遗产代表性项目已经开始采用更加系统的培训计划和教育项目，以培养更多的专业手工艺人，这在一定程度上为传统手工艺的持续传承提供了保障。

传统元素的传承是中国传统手工艺生命力的源泉。无论是在纹饰、色彩运用，还是在造型设计上，中国手工艺品都深深植根于传统文化之中。例如，龙、凤、莲花等传统图案不仅是装饰元素，更蕴含着吉祥、纯洁和权力的象征意义。这些元素的延续，不仅使手工艺品本身具有辨识度，而且也让传统文化得以在日常生活中得到体现。在传承的过程中，手工艺人往往会根据时代的变化和审美的发展进行适当的创新，使传统元素得以在保持本质的同时，加入新时代气息。

民族性要素是中国传统手工艺不可或缺的一部分。中国各个民族都有各自独特的手工艺品，如苗族的刺绣、藏族的唐卡、回族的银饰等。这些手工艺品不仅仅是一种美的享受，更是民族文化的体现。它们在传承的过程中，不仅保留了原有民族的特色，还吸收了其他文化的优点，形成了多元而又统一的文化特征。通过节日、宗教、日常生活等多种形式，民族性要素在手工艺制作和使用过程中得以延续和展现。这种传承不仅巩固了民族文化认同，也促进了不同文化之间的交流与融合。

手工艺人的坚守与培养、传统元素的继承与创新、民族性要素的保护与发扬，这三个方面相互作用、相互支撑，共同构成了中国传统手工艺丰富多彩、生生不息的历史文化景观。为了确保这些珍贵的文化遗产能够顺利传递给后世，需要社会各界的共同关注和支持，以及政策层面的积极引导和保护。只有这样，传统手工艺才能继续以其独特的艺术魅力和文化价值，闪耀在现代文明的天空之下。

3. 传统手工艺的实用性

在日常生活方面，中国传统手工艺的实用性体现得尤为明显。例如，陶瓷制品在历史上就扮演着重要角色。从最早的陶器到后来的瓷器，这些产品不仅在日常饮食中发挥着作用，还因其优美的造型和装饰成为了艺术品。古代的青铜器、漆器等也在生活中有着丰富的应用，如储存、烹饪食物和酒器等。这些工艺品质量高，使用寿命长，展现了中国手工艺朴实和美观并重的实用性特点。

在建筑领域，中国传统的木结构建筑技术显示了高度的实用性。使用榫卯结构相连接的木构件，不仅避免了采用金属连接件可能带来的腐蚀问题，而且在耐震性上有着独到的表现。此外，它们在不使用一根钉子的情况下就能建造起庞大的建筑群，这种技术的实用性和精巧性受到了世界的广泛赞誉。

（三）中国民间工艺元素的应用

剪纸即为对材料的"镂、雕、剔、刻、剪、刺"，其历史最早可以追溯到西周。战国时期又出现了在皮革、银箔等材料上的镂空刻花装饰工艺。剪纸的种类有单色、彩色和立体之分，可分为折叠、撕纸、点染、套色、分色、填色、木印、勾绘等方式。北方较有代表性的剪纸流派有山东剪纸、山西剪纸、陕西剪纸、蔚县剪纸等。南方有沔阳雕花剪纸、佛山剪纸、福建剪纸、扬州剪纸、浙江剪纸等。国家级非物质遗产代表性项目名录中，剪纸申报地包括河北、河南、陕西、浙江、安徽、黑龙江、吉林、辽宁、甘肃、内蒙古、宁夏、湖南、湖北、广东、云南、贵州、江西、福建、上海共19个省区市的52个地区，遍布全国，成为很多民族共同的民间工艺习俗。目前，剪纸造物智慧与艺术风格已经被当代设计师所借鉴，拓展嫁接于其他功能产品，呈现出与时代相呼应的审美风貌（见图4—33）。

图4—33 剪纸文化创意产品

第三节　文创产品设计中传统文化资源应用研究与实例

一、现有中国传统文化文创产品分析

当前中国的传统文化文创产品涉及种类广泛，不同产品的科技含量也呈现多样化的趋势。随着科技的发展，传统文化与现代科技的结合愈加紧密，推动了一系列创新型产品的诞生。首先，数字化文化产品是传统文化与现代科技结合的显著体现。借助计算机技术、互联网、大数据、人工智能等先进科技手段，传统文化得以在数字空间里重构和传播。例如，数字博物馆和线上展览运用虚拟现实（VR）和增强现实（AR）技术，使观众能够越过时间和空间的限制，沉浸式地体验传统文化。此外，通过数字动画和游戏，如将国画、剪纸等传统艺术形式数字化，不仅让传统文化焕发新生，也吸引了年轻一代的兴趣。

可穿戴文创产品是科技与传统文化融合的另一重要领域。智能化的织物与传统服饰图案设计的结合产生了具有中国特色的智能服饰。这些产品往往具有一定的互动性，如通过嵌入 LED 显示屏或者使用智能材料，将传统文化艺术图案以动态或者互动的方式展示出来。这类产品不仅具有较高的艺术欣赏价值，还结合了现代科技的便捷性，提高了文化产品的实用性和市场竞争力。

智能文化玩具和文化机器人等科技产品，将机器人技术与传统文化故事、角色相结合，为用户提供了互动式的学习和娱乐体验。文化机器人可以讲述中国传统故事，教授中国书法、绘画等技艺，通过人机交互技术和自然语言处理技术，使传统文化的传承变得更加生动和亲切。

另外，文化创意产品的制造也正在经历一场由"手工艺"向"智能制造"的转变。利用 3D 打印、激光雕刻等先进制造技术，生产出的文创产品细节更为精致，能够更好地复现传统文化中的精细工艺，如复杂的木雕纹理、精细的瓷器花纹等。这些技术不仅提高了产品的精确度和生产效率，还为个性化定制提供了可能，满足了消费者对传统文化产品个性化需求的同时，也保证了文化传承的精确性。

互联网平台的兴起也为传统文化的传播提供了新的渠道。通过大数据分析，文化产品开发者可以更准确地捕捉到消费者的需求和兴趣点，据此设计和推广具有传统文化元素的产品。同时，社交媒体的互动性强化了消费者对文化产品的体验和传播，使得文化传播更加广泛和高效。

在当今全球化的浪潮中，中国传统文化文创产品的开发正逐步成为文化交流与国际影响力扩张的重要载体。

现有文创产品的开发趋势充分尊重并利用中国传统文化的典型设计元素。在对传统文化的现代转化过程中，设计者重视原有文化符号的保留与再现，如龙凤、牡丹、蓝白瓷纹样等经典元素，它们被广泛应用于服饰、家居、日常用品等领域，成为文创产品独特风格的代表。这些设计不仅在形式上延续了传统审美，而且在材料和工艺上也追求原汁原味，以此弘扬国粹精神。通过这种方式，传统文化在现代生活中得以活化和传承，同时也为消费者提供了一种身份与文化的认同。

随着科技的不断进步，创新科技与传统文化的融合成为文创产品开发的又一大趋势。增强现实（AR）、虚拟现实（VR）等技术的应用使传统文化得以以更加生动的方式呈现，如通过AR技术让传统戏曲在智能设备上"复活"，或是利用VR重现历史遗址的风貌，使得传统文化的体验更加立体和沉浸式。此外，人工智能、大数据等技术的使用也使得文创产品更加个性化和智能化，如根据用户行为和偏好推荐相关文化产品，提高用户体验。科技的融合不仅仅是对传统元素的现代表达，也为文化的传播提供了新的动力。

情感和精神内涵的提炼是文创产品赋予用户价值的核心。传统文化往往蕴含着深厚的情感和丰富的精神内涵，文创产品的设计者在设计时应注重挖掘这些内涵，并将其融入产品之中。例如，一些文创产品不仅仅是具有使用价值的物品，更是承载着故事、传说、哲理等文化内涵的媒介，通过这种方式，文创产品能够触动消费者的情感，引发共鸣，并激发对传统文化的兴趣和探索。这些产品不仅仅作为文化的传播者，更是精神寄托和情感表达的桥梁。

二、文创产品设计的现状及存在问题

（一）文创产品设计的现状

文创产品设计作为一种新兴的文化产业形态，在全球范围内正逐渐成为文化消费的重要组成部分。文创产品是指那些融合了创意设计和文化元素的商品，它们通常以文化遗产、艺术作品、现代设计等为基础，通过创造性的设计过程转化为满足市场需求的产品。国内外对于文创产品的设计均表现出独特的发展路径和特色。

在国外，文创产品设计的发展受成熟的设计理念和市场经济的推动。以欧洲、北美为代表的发达国家，文创产品设计往往与国家或地区的文化品牌紧密相关。

比如，英国的文创产品设计在继承传统的同时，注重创新与现代性的融合，其利用高质量的工艺和现代设计理念，使产品具有明显的英伦风格。而意大利则侧重于艺术与工艺的结合，将文艺复兴时期的艺术美学与现代设计完美结合，创作出兼具艺术价值和市场竞争力的产品。日本的文创产品设计则以其精细的工艺和对传统文化的深入挖掘而闻名，如将和风元素融入现代生活用品中，展现出独特的日式美学。

相比之下，中国的文创产品设计起步较晚，但发展迅速，表现出了强烈的市场活力和文化自信。随着国家对文化产业的大力支持，以及消费者对于文化产品需求的持续增长，国内文创产品设计正处于一个快速发展期。国内设计师在产品设计中融入传统文化元素，如四大名著、古典诗词、中国古代绘画等，通过现代设计手法的解构与重构，创造出新颖独特的产品。同时，随着数字技术的发展，国内文创产品设计也开始探索更多的数字化、智能化产品，如利用AR技术增强旅游纪念品的互动体验。

总体而言，文创产品设计作为文化与市场的交汇点，既承载着传承文化的使命，也面向着快速变化的市场需求。在全球化的背景下，如何在保持文化特色的同时，适应市场变化，提高产品的创新性和竞争力，是国内外文创产品设计所需共同面对的问题。未来，文创产品设计需要更多地关注文化的深度开发和创新表达，加强国际交流与合作，同时构建更加完善的市场和法律环境，以促进其可持续发展。

（二）文创产品设计中存在的问题

传统元素符号的使用过于浅显是目前许多文创产品设计中普遍存在的一个问题。文化创意产品应当是传统文化与现代设计的有机结合，承载着传统与创新交织的精神内核。然而，在实际操作中，设计者往往仅仅将传统文化元素作为一种视觉符号附加在产品之上，缺乏对这些符号深层文化意义的理解和挖掘。例如，将某些民族图腾、历史人物或经典艺术作品直接简化为图形，印制在各类商品上，使得这些文化符号变得索然无味，失去了其应有的文化内涵和精神价值。由此产生的文创产品虽视觉效果诱人，但却无法让消费者产生文化共鸣，降低了文创产品的文化传播效果。

忽视产品实用性、片面追求产品观赏性的问题也不容忽视。在市场经济的大潮中，为了迎合消费者的审美需求，许多文创产品设计过度强调视觉效果和表面工艺，忽视了产品的实用性和文化内涵。这种倾向导致了文创产品的同质化严重，外观上虽华丽,却不具备应有的功能性,也不便于日常使用。消费者可能一时被其外表所吸引,但长此以往,产品的表面光鲜无法掩盖内在价值的空洞,消费者的新鲜感逐渐消退,对产品的忠诚度和再购买意愿也会随之下降。

文创产品造型过于单一的问题也日益凸显。在设计文创产品时,设计者往往局限于特定的款式和形态,缺乏足够的创造性和多样性。这不仅限制了消费者的选择,也显现出设计思维的僵化。从长远看,这种同质化的设计无法满足不断变化的市场需求,也无法体现文化的多样性和时代的进步。相反,多元化的造型设计能够吸引不同消费者群体,提高市场竞争力,带动文化产业的可持续发展。

三、传统文化元素提取要素

(一)挖掘所研究对象的文化深度

1. 深入理解传统文化的本质

每一个传统文化要素都是历史长河中沉淀的精华,它们代表着某一时期的社会生活、审美趣味和价值观念。挖掘文化深度,就要从历史根源开始,对传统文化的形成背景、历史演变过程,以及在不同时期所承载的意义进行深入研究。通过对历史资料的梳理、文献的研读,可以更准确地把握文化要素的内涵和演变脉络。

2. 注重文化要素的多维解读

传统文化要素往往包含丰富的象征意义和深层次的文化信息。在提取时,应从宗教、哲学、艺术、语言等多个角度进行解读,揭示这些要素所蕴含的深层文化信息和象征意义。例如,中国的龙文化,不仅仅是一个图腾符号,它还关联着权力象征、民族精神、哲学思想等多个层面。

3. 强调与现代文化的对接

挖掘文化深度不是简单地回溯过去,而是要将传统文化与现代文化进行有效对话,使传统文化要素在今天依然能够发光发热。这需要设计者具有创新思维,能够将传统文化元素与现代设计语言相结合,创造出既有传统韵味又不失现代感的文创产品。这种创新不仅体现在产品的外形设计上,还包括材质选择、制作工艺、使用功能等方面。

4. 关注文化的地域性和民族性

各地的文化要素往往具有鲜明的地域特色和民族风情。在挖掘文化深度时,要重视这种地域性和民族性，深挖当地的历史文化、民俗习惯、生活方式等，从而确保文创产品能够真实反映出特定文化的独特魅力。

5. 重视文化的可持续性

在提取和利用文化要素时，要考虑到文化的可持续性问题，避免文化资源的过度开发和错误解读，确保文化传承的纯正性和连贯性。这不仅涉及对文化要素的保护和合理利用，也包括通过科学的方法和手段，如数字化技术，来记录和传播传统文化，使其在新的时代背景下得以永续发展。

（二）选取代表性文化元素进行提炼

1. 对目标文化进行全面的历史考察

传统文化的每一要素都是历史沉淀的产物，包含着深刻的时间背景和社会关系。通过对历史的研究，可以揭示某一文化符号出现的时代背景，以及它与当时社会结构、宗教信仰、经济活动等方面的关联。这种历史考察有助于提取那些在长期历史发展中被不断强化、具有稳定象征意义的文化元素。

2. 分析传统文化的内涵与象征意义

传统文化常常包含着一套复杂的象征系统和内在的价值观。例如，龙在中国文化中象征着权力和威严；樱花在日本文化中则象征着生命的短暂和美丽。提取这些具有深厚文化象征和内涵的元素，可以在文创产品中实现文化的深度传达和情感共鸣。

3. 关注文化元素的艺术表现形式

不同的文化要素需要特定的艺术风格和技法来表达，如中国古典园林中的假山水、书法中的行书草书等。在提炼文化元素时，需要考虑如何将这些艺术风格和技法融入产品设计中，同时保留其独特的审美价值和艺术魅力。

4. 分析现代社会对传统文化的接受程度和传播方式

在全球化的背景下，不同文化间的交流日益频繁，一些传统文化元素可能因此获得了新的生命力。了解现代消费者对于传统文化的接受态度，能够帮助设计师在不失传统精髓的基础上，做出更适应现代审美和市场需求的设计。

5. 实现文化元素与产品设计的有机结合

设计师需确保文创产品不仅仅是文化符号的简单堆砌，而是将传统文化元素经过艺术加工、设计再创造，并融入产品的设计中，使之成为承载传统文化与现代审美相结合的载体。

（三）找准现代化产品古今融合提炼

对于传统文化要素的提取，需从深层次的文化价值、历史背景及其艺术表现形式进行挖掘。要素的选择要以其独特性、代表性和传播性为基础，这些要素可以是具有辨识度的图案、符号、颜色，也可以是传统工艺、材料或是某种古老的理念与哲学。在提取过程中，需考虑这些传统元素的历史意义与艺术价值，确保其在设计中的应用不会失去原有的文化内涵。

在设计环节，要注重传统元素与现代设计语言的融合。设计者需要通过现代设计方法，对传统元素进行重新解读和创新，使其既能保留原有文化特色，又能符合现代审美和使用习惯。其中，设计者的创造力和对传统文化的理解力起着至关重要的作用。在设计过程中，可以结合当代流行的设计趋势，如简洁的线条、现代的色彩搭配、功能化设计等，以确保文创产品既有古典韵味，又不失现代风格。

同时，现代化产品设计不应仅限于表面的图样装饰或形式模仿，而应从功能性、实用性和用户体验出发，使传统文化在现代生活中焕发新的活力。这就要求文创产品不仅在视觉上吸引消费者，更要在使用中体现其独特性和文化价值。

在市场推广阶段，对于如何让这些融合了传统文化和现代元素的文创产品得到广泛认可，则需进行精准的市场定位和有效的营销策略。传统文化的故事性、艺术性和教育性可以作为营销的切入点，通过故事化的营销手段，加深消费者对产品文化背景的理解和情感联结。

（四）审视文化特色并进行修饰

在提取传统文化要素以设计文创产品的过程中，对文化特色的审视与修饰是一项细致且复杂的工作。产品设计始终贯穿着对文化内涵的深刻理解与尊重，同时也要考虑市场的接受度与消费者的审美偏好。传统文化是民族历史与智慧的结晶，它不仅包括可见的艺术形式、图案与符号，还包括了生活哲学、伦理观念和社会实践等非物质层面。设计者在提取这些要素时，应该通过广泛的文献研究、实地调研及与文化传承人的深入交流，确保对文化元素有全面的了解。了解文化背后的故事和意义，是设计出既有文化深度又能引起共鸣的产品的关键。

审视文化特色的过程中，设计者需要有敏锐的洞察力，辨别哪些元素是具有普遍价值和吸引力的。这需要对文化元素进行筛选，挑选那些能够跨越时间与空间、在不同文化背景下仍能产生共鸣的要素。在这一过程中，保留文化的独特性和本真性极为关键，可以避免将文化进行异化或简化为肤浅的符号。

在文化要素的修饰上，应当注重创新与传承的平衡。设计者在保留传统元素核心特质的基础上，可以通过现代设计理念和技术手段对这些要素进行重新诠释。这种修饰不是简单的现代化包装，而是对传统文化精神与形式的现代转化。例如，传统图案可以与现代图形设计相结合，创作出既有传统美感又符合现代审美的图案设计；古典故事可以借助现代叙事手法重新讲述，使其更贴近现代人的生活体验。

产品设计的过程还必须考虑文化的可持续性。在利用文化元素时，应当对其原生态环境和文化生态进行保护，避免无节制的开发与商业化导致文化资源的流失。这意味着在设计产品时，要有责任心地进行文化的适度提取，并通过设计促进文化的传播与保护。

四、设计案例

（一）赫哲族传统服饰元素提取方法

服饰艺术的精髓体现在将创意具象化，通过对材质挑选与加工，塑造出独特的服装形态。服装的美学特质源于其独有的结构、空间布局及情感寓意。赫哲族服饰以多元化的材料和丰富的形态著称，其设计要素提取关注内外两方面，外观上重视衣着的基本轮廓，如领口、袖子及主体款式；内部则侧重于线条和色彩的运用，以及结构的划分，仔细勾勒出衣物的内在细节。

赫哲族日常活动中，动作是最直观的表达方式。文化产品设计可以从捕鱼、狩猎和节庆活动中抽取元素，如捕鱼技术的动作和工具形态，冰下网捕和破冰捕鱼的独特性。肢体语言的提取在节日活动中同样重要，如分析插草球中的动作要领，以便更好地融入创意产品设计。

配饰作为服饰不可或缺的一部分，其材质和样式多样。在提取其文化元素时，应多关注形状、色彩、材料和纹饰的含义。比如，赫哲族夏帽的锥形造型和桦皮材质，以及腰刀的形状和纹饰，这些都是文化的物化表现，可以在设计中展现出其美学和神韵。

赫哲族纹样多以动植物和几何图案为主，其传统的对称、平衡和连续布局形式呈现一定宗教意味。设计中通过简化和几何化基础纹样，强调纹样的工业感和逻辑美，同时保留其原有的美感与意义。

（二）文化创意产品系列的确定

赫哲族服饰的文创产品应注重多样化及审美需求，包括办公、教育、生活等多个领域,同时将传统文化与当代审美相融合。参考故宫文创设计,赋予产品更多活力与创造力,以满足消费者的实用与审美双重期待。系列化产品围绕赫哲族传统元素,如图腾和独特纹饰,以丰富的设计手法和媒介,向游客展现民族文化之美,旨在推广和传承赫哲民族的文化遗产。

（三）文化创意产品设计

哲宝（见图 4—34）是基于赫哲族传统狩猎服饰为其打造的文化 IP 形象,以展现赫哲族狩猎服饰特点核心。加入"萌化"设计元素,从造型、纹样、色彩、配饰和精神内涵等方面,对赫哲族传统狩猎服饰中的文化元素进行提取和创意设计语言的转译,使其在保留原有文化特色的基础上,符合现代审美要求。在玩偶主体形象设计勾画过程中,筛选出服饰主要特征对象,并将次要部分加以弱化,强化产品设计中的主次对比,增强所要表达内容的视觉冲击力。

图 4—34　哲宝系列玩偶设计

"哲宝"系列文化创意产品设计,是以"哲宝"形象为文化符号,结合不同文化创意产品品类特征,通过造型简化和相关元素增加等手段,将文化形象推广到不同的应用领域。"哲宝"钥匙链挂坠设计（见图 4—35）,是基于"哲宝"着装猎人形象,对帽羽进行简单化的几何形处理,同时通过表情符号、服饰款式、服饰纹样的变化,提高故事性和趣味性。

图 4—35　哲宝系列钥匙挂坠设计

"哲宝"鼠标垫设计（见图4—36），是在对哲宝形象应用过程中，加入了狩猎环境元素。在"哲宝"（钥匙链挂坠）形象基础上增加了雪橇和激达。环境元素的增加，丰富了哲宝的动作形象，增强了哲宝的"人格"魅力。

图4—36　哲宝系列鼠标垫设计

第五章 不同语境下的现代文创产品设计与开发

本章对不同语境下的现代文创产品设计与开发进行了介绍,包括三个方面:基于体验经济语境的现代文化创意产品设计与开发、基于情境整合语境的现代文化创意产品设计与开发、基于生活美学语境的现代文化创意产品设计与开发。

第一节 基于体验经济语境的现代文化创意产品设计与开发

一、体验与体验经济基础理论

(一)体验

1. 体验的概念

"体"是指"亲身经验、领悟","验"是指"有效果",这是《新华字典》中关于"体"与"验"的注解。而"通过实践来认识周围的事物;亲身经历"则是《现代汉语词典》中有关"体验"一词的解释。关于"体验"的解释多种多样,究竟哪种是较为精准的表述呢?

"体验"这一概念主要来源于心理学,主要是指当某一个体的智力、情绪、精神乃至体力达到某一特定的水平时,在他的潜意识里将会产生一种美好的感受。这一过程实质上是主体对客体的刺激所产生的一种内在体现。可以说,体验在我们的生活中无处不在,随着消费主义在经济时代的盛行,"体验经济"这一名词也变得不再陌生。

企业的主要目的就是创造价值,而价值的体现终究需要借助消费者,只有消费者认为好的商品、认可的商品,才会实现其自身价值。当体验过程具有不可复制与独一无二的特征时,消费者才会认为这个商品是值得购买的,才会为商品支付相应的费用,体现出商品特有的价值。

就体验而言,个体需要外界环境的刺激才能促成体验感受的形成,而非仅靠主观意志就能产生,它具有一定的主观性与个体性,因此也具有不稳定性。一方面,同一个主体对相同事物的体验情感会随着时间与地点的不同而发生变化,相同客体由于地点与时间的不同,也会产生不同的思维、视知觉、行动、关联、情绪等差异性,此类差异性势必会影响主体的体验感受。另一方面,不同的主体对相同的客体产生的体验感受也会有所差异。体验过程受到主体个性化差异性的影响,不同的体验实质上就是那些筹划时间与个体心智状态彼此作用而形成的结果。体验作为消费者的一段特殊经历,这段体验过程可以促成一段记忆的形成,而这段记忆具有一定的个性化的特征,会对消费活动产生决定性的影响,个体的体验记忆一旦形成,将很难被遗忘。

体验并非指一种形式性与外在展现的东西,它主要是指一种发自内心的、独有的感受，是一种与生存、生命彼此联系着的感受活动。当个体对某一生活有了某种体验的时候，并不是说他会有做某件事的意愿，也不代表着他会对某一体验产生一种认同感，而仅仅指个体亲身经历过一段生活。这样的过程使得他对人生、生活及生命产生了某种较为深刻的认知与理解，这一层次的认知与感悟是有过此类经历的人才有可能体会到的。

由此可见，体验其实就存在于我们身边，并且随时随地都在发生着。只要我们还活着，那么体验就有存在的可能。人在体验当中生存与生活，同时也在生存与生活的实践中得到体验。

2. 体验的类型

（1）娱乐的体验

娱乐是人类这个特殊的行为主体常见的一种行为活动，它主要是以休闲消遣与寻求快乐为目的，在众多类型的体验活动中均能够看出该类活动的娱乐属性，并且这种娱乐属性与其他属性彼此融合能够产生一种全新的体验感受。随着时代的发展进步，消费者的需求也发生着改变，以往的消费方式早已无法满足新时代背景下大众对于消费方式的需求。体验经济就是在这样的时代背景下产生的，它能够带给消费者一定的趣味性、新颖感及愉悦的心情。

（2）教育的体验

与娱乐体验以追求快乐、消遣为目的的体验不同，教育的体验实质上是消费者在体验的过程中能够获取信息与知识的体验过程，并且达到借由活动提升自身专业技能与文化素质的目的。在教育体验过程中，人们通过更多地参与到体验活动中，不断地吸取知识的养分，进而武装自己的头脑，锻炼自身的运动能力与思维能力。

举例说明，由中国福利会和国外机构合作开发的幼儿教育系列产品《乐智小天地》，主要的受众群体是学龄前儿童，并根据具体的年龄段进行划分，设计与制作出符合不同年龄阶段儿童心理的教育益智类产品。例如，幼儿版年龄在2~3岁，快乐版年龄在3~4岁，成长版年龄在4~5岁。《乐智小天地》借助活泼可爱的"巧虎"这一卡通形象，激发儿童的好奇心理，使得他们能够关注这些有趣的故事内容，并通过互动式的体验教学，将数学、语言及逻辑思维等教学内容巧妙地传授给儿童，在轻松活泼的氛围下，让孩子形成独立学习与独立思考的能力。

（3）审美的体验

通常来说，大众被某种事物、现象、景观所吸引，进而在体验过程中出现轻松愉悦的心情及美的享受，我们称之为美的体验。这种美的体验大多是消费者在进行体验的过程中受到某一特定事物或者景观现象的影响而产生的一种审美过程，而在这个过程中，消费者对这一事物或现象的影响则微乎其微。由此可以判定，"客人想要参与有教育意义的体验是想学习，参与娱乐体验是想感觉，而参与审美体验的人就是想到达现场"。

审美体验通常包括在环境优美的主题餐厅用餐、在风景秀美的旅游风景区欣赏美景、在美术馆或者博物院欣赏艺术品等。现在让我们通过典型事例对此进行了解。"北京8号学苑"是一家以"80后"校园文化为主题的餐厅，这家店主打怀旧风，就餐环境也是以"80后"的校园环境作为背景，简朴的书桌、老式的黑板，以及具有年代感的白瓷杯，瞬间将"80后"一代人带回自己的"年少时光"。

3. 体验的特点

体验是人们的心理活动，是在人的大脑"黑箱"中完成的。借助体验能够促使人获得一种深刻的、主观的及综合的感受。此类感受极其深刻，令人无法忘怀，这种感受或许会改变大众的生活及他们的人生态度与思想。可以说，体验的目的就在于让人类的生活变得更加有意义。就通常意义来说，体验包括以下3个特点。

（1）内在（无形）和主观性

服务是一种相对抽象的事物，然而借助一些标准化的服务流程、形象化的展示及大众的感受等方式，也能使人们感受到它的存在。而体验是一种心理感受，它的产生、变化、存留等过程都是在个体的头脑中实现的，是个体在知识、形体、情绪方面参与主观之外的事物所获得的，这些过程是不能从外部直接观察其内部状态的。当然，在我们生活的世界上没有任何事物是脱离其他事物而独立存在，任何事物之间都是彼此作用又彼此联系。因此，即便大众不了解世界万物之间的具体关联性，但只要知晓某一事物对外部信息刺激所给出的反应，清楚事物的输入与输出关系，就能够对事物作出相应的研究。

通常来说，体验是一种个体行为，这种体验行为会受到个体生活背景、知识背景及经验基础等因素的影响。因此，不同个体在相同的体验情境下，其体验的具体感受也会出现因人而异的情况。同时，个体的情感状况与思想意识同样也会随着外部环境的变化而产生不同的心境，这一心境变化也会产生一定的意识改变，由此可见，体验是一个极具主观性的活动。

主体主观能动性的大量投入贯穿整个体验过程，个体主观的参与意愿通常反映在体验的生成过程中。通常来说，个体在体验过程中的参与度越高，那么体验活动就越成功，并且体验活动的开展原本就是个体的一种自主自愿行为。在环境极为恶劣的情况下，由于个体主观意识的影响会使原本失败的体验转变为成功体验，因此体验的能动性存在与发挥都需要依靠个体主观性得以实现。

（2）亲历性和差异性

大众将主体亲自参与体验活动的过程称为亲历。亲身感受、理解与亲身经历是亲历的两方面。亲身感受与理解主要强调的是通过体验主体真正参与到经历活动中并通过活动能够有所反映，增强对事物的理解与感悟的过程；而亲身经历主要强调的是体验主体作为一种客观存在的参与行为。

首先，从行为角度出发，它要求行为主体亲自且主动参与体验活动，这一过程是没有任何人能够取代的，特别是心灵上的共鸣与情感上的触动是无人能够替代实现的。其次，从个体角度出发，若要获取别人的体验，也应当通过自身与中介材料的接触来获取，从本质上分析仍是体验主体的感受与理解、亲身经历，但是这个过程又会因个体的独特性、个体性与差异性而获得不同的体验结果，但是亲身经历是共同的。当然这些行为与经历不是简单地重复他人行为活动，而是需要通过中介实现思维与思想上的再感受。

（3）一次性、延续性和不确定性

体验是人们身临其境的感觉或者良好的心理感受（包括愉悦），具有一次性特征，但这种体验的价值并不会马上消失，它在人们心目中会延续，本质上这也是一种体验感受的关键特征之一。

根据心理学与神经生物学的相关理论研究发现，体验感受实质是一种生理反应，是大脑受到外部刺激产生的一种反应。同时，这与大脑的不同体验与不同区域有着一定关联。从神经生物学角度分析，大脑中的感官系统收集关于触觉、光波与声波等方面的信息，使得大脑新皮层产生更为复杂的情感，而大脑新皮层的其他部位则能产生思维、创意与认知。

我们说，体验实质上是一种主观与客观相互交融的状态，体现出一种物我两忘、情意会合的状态，它会因事而异、因人而异、因个体所处的环境，以及时机的不同而产生一定的差异。具体而言，同一个体，由于当下的心境不同，它获取的体验感受也会不同；在相同情境下，由于个体不同，所产生的体验结果也会有所差异。因此，体验本身具有极强的不确定性。

虽然说体验存在某种不确定性，但是并不代表这种不确定性是不能掌控的。相反，也正是由于这种不确定性，才促使我们进行相应的改变以适应这种不确定性。在这个日益强调个性化的环境下，更需要我们去关注这些不确定性所带来的全新价值。

行为经济学家对个体参与消费活动的非理性现象进行研究后发现，个体行为的关键点在于"体验"。"体验"最为闪光的价值体现在体验价值确定的客观逻辑方面，主要强调的是对自由的"高峰体验"，是一种自主性较强的且需要亲身经历的体验过程。

（二）体验经济

1. 体验经济的概念

所谓"体验经济"，其实质就是服务经济发展道路中所出现的新浪潮，美国未来学家托夫勒在《未来的冲击》一书中就已经明确指出了这一观点。但该观点在当时社会并没有引起高度共鸣，甚至在一定程度上已经被忽略。随着时代的发展，社会的不断进步，"体验经济"这一名词再次出现在大众视野当中，并引起众多专家学者及社会成员的高度关注，并通过撰写相关文章对这一观点进行了再次阐述。比如，从1998年在美国一本商业杂志上刊登的名为《迎接体验经济》的文章中便可以看出，同时期美国的许多经济领域从业者也纷纷对此给出相应的观点与说法。一时间，体验经济开始在广大受众群体中受到热烈追捧，许多商家与企业为了在激烈的市场竞争中获得一席之地，纷纷开始效仿好莱坞与迪士尼的做法，将体验经济引入自己的行业与领域中来，促使消费者在体验过程中获取情感与精神层面的满足，从而获取一段美好的体验记忆。这样的时间记忆具有一定的延续性，只要体验感良好，即使消费者当时没有选择购买本商品，但是也会选择以后为商品价值买单。随着体验经济在社会各个行业与领域的逐步渗透，体验经济已经发展成为一种能够与服务业与制造业相提并论的"第三"产业。

微软公司（Microsoft）研发出来的办公软件与操作系统的名称"XP"，它的英文全称就是"Experience"，中文译名为"体验"，这就是体验经济最为鲜活的事例。微软公司对研发的不同时期的电脑软件进行顺理与总结：数据处理与文字处理是第一代微软软件的主要特征；通过互联网实现互联互通是第二代电脑软件的主要特征；而更加深刻且丰富的体验则是第三代电脑软件的主要特征，其中包括三维接触等。此外，与"体验经济"相类似的经济形态还有很多，如"休闲经济""文化消费"等。

再如，上海有一家茶馆在当地很有名，凡是去茶馆喝过茶的人都会有一种回归本性的感觉。这也是老板开这家茶馆的初衷，卖茶只是其中一方面，最关键的是为顾客营造一种特殊的氛围：人们在一种古色古香的环境中，听琴声、品茗茶，闻着香炉的阵阵香气，观名家书画作品，欣赏赏心悦目的茶道表演，等等。尽管茶馆里的茶并不便宜，但是仍有众多消费者心向往之，就是源于它为顾客带来的全新体验。

综上所述，体验经济要求商家或者企业在最大限度上满足消费者的"体验需求"，给他们带来轻松愉悦的体验感受，使他们无法忘记这一体验经历，从而激发消费者的购买欲望，使得商品价值得以显现。从某种程度上说，这就是消费与生产的完美统一，这也是体验经济这一概念提出的意义所在，即从消费者作为商品价值创造者的角度出发所进行的深度思考。具体而言，站在不同立场，体验所带来的意义便会不同：对生产者而言，体验可以让他们从消费者那里了解到怎样的商品能够更受欢迎、更加具有市场竞争力；对消费者而言，体验能够让他们了解到哪些商品是与自身相匹配的。①

一般情况下，大众很容易将服务经济与体验经济混为一谈，其实它们有本质上的差别。总体来说，体验经济所包含的内容更加宽泛。具体来说，体验经济中的消费者身份发生了改变，以往消费者仅仅作为商品的使用者而存在，而现在却以使用者与生产者双重身份存在，成为商品价值的创造者之一。过去人们一提到体验想到的就是由商家提供的某种服务，其实不然，它是一种通过服务与商品而实现的消费者的某一特定的体验（见表5—1）。

表5—1　四种经济形态的比较

经济形态	农业经济	工业经济	服务经济	体验经济
经济提供物	产品	商品	服务	体验
提供物性质	可替换的	有形的	无形的	难忘的
经济关键特性	自然化	标准化	定制化	个性化
经济功能	采掘提炼	制造	传递	展示
卖方	贸易商	制造商	提供者	展示者
买方	市场	用户	客户	客人
买方身份	消费者	消费者	消费者	生产/消费者
买方行为特征	理性	理性	理性	非理性

2.体验经济的特点

（1）终端型

在体验经济下，商家要想在激烈的市场竞争中立于不败之地，最终需要赢得

---

① 赵楠：《体验视角下文化创意产品设计探究》，《艺术教育》2021年第6期，第232-235页。

的对象是作为自然人的顾客与用户。在以往的经济活动中，商家之间为了争夺市场，需要从商品与服务两方面加强自身实力，而在体验经济之下，商家实现经济盈利的关键因素是获得消费者的喜爱。尤其是消费者在体验过程中，商家要尽可能为消费者提供各种体贴且周到的服务，让消费者内心需求得到最大限度的满足，使得其体验过程符合个体性需要，最终达到促使消费者购买商品的目的。

（2）差异性

伴随社会生产技术的不断提高及科学技术的不断发展，企业间无论是在服务还是产品方面都出现了"同质化""商品化"的现象，使得原本具有极大竞争力的领域，也由于生产技术的进步而出现了产品大范围的同质化，在市场竞争中形成恶性循环，商家为此苦不堪言。单从产品上下功夫已经远远不能满足市场竞争的需求，因为生产技术的发展使得产品的"复制"现象频繁出现，商家企业要想盈利极为困难，这一问题不仅仅体现在产品方面，在服务方面亦是如此。由于市场经济的高度发达，商业服务模式也出现了"克隆"现象，使得原本具有服务优势的商家企业，其服务模式被迅速普及化，独有的商业竞争优势也荡然无存。总之，由于产品与服务日益"商品化"，一些商家企业陷入恶性竞争的困境之中。因此，在体验经济下，要求商家企业从消费的个性化需求入手，关键是促使消费者在体验过程中能够拥有愉悦、开心的感受，满足不同个体的购物体验需求，从而实现产品价值的完美转换，达到企业盈利的目的。

（3）知识性

以往商家企业提供的产品与服务通常只是为了满足消费者感官层面上的满足，而在体验经济下，企业更加注重的是商品文化内涵的渗透，即消费者通过购买商品，不仅可以满足消费者的使用需求，同时还能提升个体的文化修养，丰富个体的知识储备，达到精神层面的满足。

（4）参与性

伴随着时代的不断进步与发展，大众的物质生活水平及精神层面都发生了不同程度的转变。而作为经济社会中不可或缺的消费主体，消费者已经不仅仅满足于作为商品的使用者，而是希望能够亲身参与到商品的设计制作与生产过程中，消费者的这一内心需求正是体验经济中个性化诉求的鲜明体现。消费者希望在最大限度上参与到产品的设计、制作与生产当中，并在此过程中实现个体价值的充分展现。在如今的消费时代，已经涌现出了众多此类互动式的消费，如农家乐采摘园、自动贩卖机、自动点唱机、自助餐等。事实证明，消费者群体在商品制造中所占比重将会越来越大。

3.体验经济的影响

关于体验经济对消费者体验过程所带来的影响,美国哥伦比亚大学的伯恩德·施密特教授曾在2001年撰写的文章中做出详尽阐述,并结合社会学与心理学理论,从五个不同侧面论述了这一新型经济形态对消费者体验产生的影响,它们分别是关联、感官、思考、行动、情感。具体来说,思考体验主要是指消费者在受到外界刺激之后,促使消费者思维与认知层面的一种提升与反馈;情感体验与思考体验相比,主要强调的是消费者在体验过程中,从内心情绪方面发生的改变,源于体验情境与情绪诱导的影响;行动体验主要是指由于亲身经历或者受到某些激发,从而对消费者的生活方式、行为方式等产生一定影响的体验;感官体验强调的是人体不同器官对外部环境刺激所给出的反应,这些感官刺激包括嗅觉、味觉、视觉、听觉与触觉等;关联体验是指以上各体验层面彼此相互影响,从而形成获取社会认同、自我改变等个人与社会系统、他人产生一定关联的体验。

(1)体验经济对社会发展产生的影响

体验经济对社会发展的影响包括体验取代产品,服务成为主要经济提供品,休闲、娱乐业等第三产业比例和产值增加;体验经济更富人性化和竞争力,将得到更多的资源配置;人们参与和体验的意识增强,进而改变了经济环境和消费环境。

(2)体验经济对消费市场产生的影响

体验经济对消费市场的影响包括经济发展和环境变化导致的消费观念和行为的转变,目前主导消费市场的是体验式消费和高于产品本身的服务,侧面反映了社会阶级的发展和消费范围、消费品质、消费方式的革新。从消费内容角度分析,大众对历史、文化、科技与娱乐方面的体验更加感兴趣,进而促使个体精神层面的需求及实现自我的需求;从消费对象角度分析,消费者对产品的需求不再趋于大众化,而是寻求更多能够满足个体内心需求的个性化的服务与产品;从消费方式角度分析,大众需要更多参与产品设计、制作与生产的过程的机会,以变被动为主动的方式参与到消费活动过程中。人们的消费需求从基本的实用层次转向高级的体验层次。

二、体验经济语境下文化创意产品开发设计的体验途径

(一)感官体验

从感官体验的角度分析,企业在对有形产品进行设计时应当从不同侧面入手,

如体验主题、产品的基本要素与使用环境等，目的是创造出极具个性化的视觉艺术享受。我们常见的感官包括触觉、视觉、嗅觉、味觉、听觉。因此，在进行产品设计时也要从这五个方面展开，促使消费者在体验中感到满意、欣喜与愉悦。在文化创意产品开发中综合利用多种感官刺激进行设计，会给使用者和消费者带来更多层次的感官体验。

1.视觉

我们在生活中常见的视觉信息包括事物大小、外观、颜色、形状等，从物理特征角度看，也包含物体构成、体积与重量等信息。这些客观存在且肉眼可见的物理特征，会给消费者带来一定的主观印象。因此，在对文化创意产品进行设计的时候，要在视觉方面下功夫，创作出妙趣横生且诙谐幽默的产品形象，以缓解消费者日常紧绷的神经，缓解长期高压环境下带给人们的疲惫感，促使消费者从产品中寻找到生活乐趣。

不同的线条形状与形态可以使受众产生不一样的视觉体验（见表5—2）。比如，曲线带给人们更加柔和、优雅、丰富与自由流畅的感觉；而直线带给大众的通常是简洁、快速、锐利、紧张、明快的内心感受。

表5—2 线型及形态语境

线型	形态语境
直线	直线是最简单也是最具有基础性的线条，它不仅代表着秩序和稳定，同时也暗示着无限。直线的严谨和明确使其成为构图中不可或缺的元素，用以划定界限或指示方向
细长直线	细长直线给人以优雅和精致的感觉，它们在视觉上具有延伸作用，令人的目光顺着其轮廓自然延伸，营造出一种向外探索的动态
粗短直线	粗短直线给人一种坚固和力量的感受，其在视觉上的压缩感使得观者的注意力更集中于线条本身，产生一种凝聚力
垂直直线	垂直直线在视觉上具有强烈的支撑感和力量感，它象征着坚硬、权威和尊严。垂直线条在建筑或艺术作品中用来表达稳定和力量，也常常用来划分空间，产生一种令人崇敬的气势
水平直线	水平直线传达出一种平静和休憩的氛围，它是一种理想的静态表达方式，常用来描述地平线或是安宁的状态。水平线条在视觉艺术中往往用来强调宁静和广阔
倾斜直线	倾斜直线能激发动感和紧张，倾斜的度数越大，视觉上的动态感和不稳定感就越强。这种线条常用于表现动作和方向，即使在静态图像中，也能营造出一种运动的错觉
曲线	曲线作为一种柔和的线条形态，常常与女性化、柔美和舒缓等概念相联系。它们在视觉艺术中用以表达流动和自然，与直线的硬朗和严肃形成鲜明对比

续表

线型	形态语境
C 曲线	C 曲线是一种开放的曲线形态，其在视觉上具有引导视线的功能，能够将观者的目光引向曲线指向的方向。C 曲线的形态仿佛拥抱或包围着某物，能够营造出一种温馨和安全的感觉
S 曲线	S 曲线，以其优雅的流动性，常被视为动态平衡和节奏的象征。S 曲线在视觉上既平衡又动态，它能够引导观者的视线从一个端点流畅地移动到另一个端点，常见于自然界的形态，如水流、植物的生长等
涡线	涡线是一种极富动态的线条形态，它在视觉上创造了一种旋转和扭曲的效果，给人一种强烈的视觉冲击。涡线在视觉艺术中常用来表现混乱、动荡或深邃的内在力量，同时也能够吸引观者的注意并牵引其进入作品的深层含义

"色彩唤起各种情绪，表达感情，甚至影响我们正常的生理感受。"[①] 我们可以通过美国视觉领域专家的阐述能够了解到色彩对人体生理感受的影响。因此，在进行文化创意产品设计时，要尽量从色彩对产品设计带来的影响入手，打破人们视觉审美的常规，力求做到在色彩搭配方面令人眼前一亮、记忆犹新。从色彩心理学的角度出发，不同颜色带给受众的内心感受也会有所不同，所要传达的思想感情也会有所差异。

文化创意产品设计除了需要考虑线条与色彩之外，还需要通过生动的线条形式以及形态各异的造型设计，为受众带来一定的视觉冲击力。比如，2008 年奥林匹克运动会五福娃（见图 5—1）的形象设计，五个福娃从形象外观看，圆弧形的曲线使得福娃造型更具亲和力，福娃头顶上的不同装饰图案象征着不同的寓意，象征着世界五大洲的人民，虽然我们的肤色、民族、文化等方面存在差异，但是不惧困难、勇往直前、拼搏奋进的奥林匹克精神是相同的。基于以上理念，设计者设计了五个福娃的艺术形象，从福娃的造型设计到意识形态上都形成了统一的概念。因此，优秀的创意能够带给受众不一样的艺术感受。

---

① 唐林：《产品概念设计基本原理及方法》，国防工业出版社 2006 年版，第 195 页。

图 5—1　奥林匹克运动会五福娃

　　文化创意产品的设计并没有我们想象中那么简单。文创产品只有从艺术形象设计的造型元素及色彩搭配的角度出发，从消费者的审美角度出发，才能设计出能够与消费者产生情感共鸣的优秀文化创意作品。

2. 听觉

　　除了视觉元素，听觉元素也是影响文化创意产品设计的关键因素之一。听觉元素作为文化创意产品中至关重要的因素，在与顾客的沟通中起到无可替代的作用。声音的存在能够给受众一种安全感，打个比方，新生儿对声音的敏感度比较高，当他处于一个陌生环境时，妈妈的声音往往能带给孩子无比的安全感。此外，声音也是事物信息进行传达的元素之一，能起到一定的提示作用。比如，当你听到开水壶发出"汩汩"声的时候，意味着水已经烧开了或是马上烧开了。诸如此类的事例还有很多。

　　在听觉领域，设计者要尽量做到设计出优美和谐的声音，并给消费者带来愉悦的内心感受，而非制造噪声，使人感到烦躁不安。

3. 唤觉

　　相对于视觉与听觉，嗅觉与味觉略显"迟钝"。可以说，气味也可以对个体感受产生一定影响。因此，设计者在进行文化创意产品设计时，也需要将气味元素考虑进去，受众对嗅觉的感受也能体现品牌的力量。好的产品都希望通过气味为消费者制造美好的记忆，因此我们在很多知名品牌的产品中发现它们是进行过香氛处理的。比如，我们在一些茶馆内品茶时，能够闻到一种与茶馆古色古香的氛围相匹配的香气，让用户通过不同感官获得完美体验。这种体验是以一种不张扬的方式将价值观与文化传递给用户的，并且为消费者制造一种难以忘怀的经历。

4. 味觉

　　说到味觉，人们首先联想到的就是美食，一般产品与味觉的关联性并不大，当消费者在购买食物时,会通过尝试产品来选择是否购买本产品。设计者在进行文化创意产品设计时,可以依据消费者以往的味觉经验,通过联觉、通感等手法,将多种感受转化为味觉体验。

在食品类的文创产品中会涉及味觉,因此可以借助一些视觉感受或者特殊材料来体现产品的不同,如通过食品外包装袋上的视觉图案等,图 5—2 是奥利奥和故宫联名系列。

图 5—2 奥利奥 × 故宫联名系列

不同的包装风格适用于不同的美食。比如,口味偏清淡的食品,其外包装色彩一般会选用色彩饱和度相对比较低的风格;口味偏浓郁的食品,则适用色彩饱和度较高的风格。此外,那些口感比较舒爽的食物,其外包装袋的设计通常会采用棱角不太鲜明的方式;与之相反,食物口感偏刺激的则通常采用棱角比较鲜明的包装袋。这是从文化创意产品营销的角度出发,将味觉与视觉相结合的手法。通过这种色彩与线条的直观印象来争取消费者的关注,远远胜过文字表达,其效果更为直接与高效。

除此之外,味觉记忆能够将周围的物质环境与进食行为形成相对稳定的意向联系,把味觉归入文化创意产品设计可以将个体生命记忆归入社群记忆(价值观、城市文化、印象)之中,为消费者创造印象深刻的体验经历。

5. 触觉

触觉与听觉、视觉、味觉、嗅觉一样，也可以为消费者提供体验价值。消费者借助触觉能给大众提供一种主观感受与产品印象。触觉相对于以上四种感官体验而言，感受来得更加直观、具体、真实，也更加接近事物的本来面目。差异性的触感所传达的信息也会有所不同。比如，我们通常会用坚硬与冰冷来表示冷峻，用丝滑柔顺来表示高雅，用凹凸不平来表示沧桑，等等。

材料的使用在触觉体验中的作用极其关键。通常来说，设计者通过选取不同的材料为消费者带来不一样的触觉体验。好的文化创意产品，实质上是功能、风格、材质、造型完美融合的结果，因此优秀的文化创意产品离不开优良的材质。这就要求设计者在进行文化创意作品设计时，大胆选用适合本产品特性，以及符合产品气质的创新材质。

(二) 情感体验

1. 情感体验在文化创意产品中的作用

（1）有利于增强人们的感官体验

文化创意产品不同于其他产品，它最主要的特点就是能为大众提供精神层面的满足与享受，包括感官方面的刺激等。设计者应借助不同材质来满足不同需求的用户，带给他们相应的感官刺激。单从文化创意产品角度出发，设计者希望借助产品创作促使用户在文化精神层面得到提升。因此，好的文化创意产品是具有一定文化内涵与文化底蕴的，能给受众带来情感共鸣，满足用户的情感体验需求。故宫博物院为了大力发展文化创意产品，还专门成立了故宫文化创意研发交流中心，致力研发具有故宫文化的文化创意产品，要求产品必须突出故宫文化，并且符合当下年轻人的审美情趣，或诙谐，或可爱，或秀美，等等，让那些沉寂许久的文物活起来，被广大受众所接受与喜爱。

（2）有利于获得更多的创意体验

要想使文化创意产品赢得广大受众群体的追捧与喜爱，就要从产品自身与消费者两个角度出发。其一，文化创意产品的设计应当贴合广大消费者的心理，满足他们精神领域的需求，并引起他们的情感共鸣，只有让消费者从心理上接受与认可产品，才可能使产品价值获得转化。其二，文化创意产品自身应当具有深厚的文化内涵，最主要的是要具备鲜明的文化主题，能够在第一时间迅速抓人眼球的文化创意产品才是好的产品。故宫博物院近些年涌现出众多妙趣横生的文化创意产品，涉及生活领域的方方面面。比如，能够带给受众不同情感体验的文化创意产品有故宫口红、国风胶带（图5—3）、艺想丹青书签（图5—4）等等，这些产品的设计已经不仅仅满足于产品原本的使用功能，更多的是一种情绪体验、情感共鸣、文化内涵的彰显，是一种易被大众所接受的文化创意体验。

图5—3　敦煌博物馆国风胶带

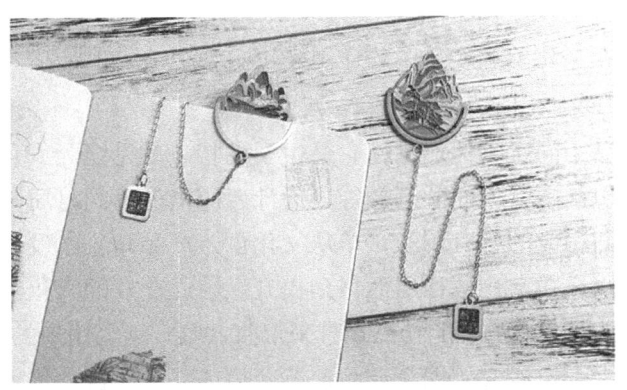

图5—4　故宫艺想丹青书签

（3）有利于获得更多的愉悦体验

目前，市面上的文化创意产品众多，并呈现出不断发展的态势，究其原因是人们对产品个性化需求的日益增长。这种个性化体现在文化创意产品从精神层面能够带给受众一种精神享受。或者说，好的文化创意产品能够与消费者进行心灵的沟通，促使消费者得到一种内心愉悦的状态。

2.情感体验在文化创意产品中的应用

为了促使产品能够更加凸显出其情感体验，设计人员需要从文化创意产品的外形设计及文化内涵两个方面入手。首先，外形设计方面需要从包括味觉、视觉、听觉等在内的不同感官体验的角度进行考虑，同时还要满足产品的功能设计需求；

其次，产品设计应当凸显文化创意产品的文化内涵与文化底蕴，促使文化与创意能够完美融合，从而促使文化创意产品能够实现价值转化。

（1）本能层面

人们通常将第一眼看到产品外观时产生的一种本能反应称为本能层面，这也是对产品第一印象的解读。这种感官体验是多方面的，如视觉、触觉、听觉等，其反映在产品方面体现为产品色彩、产品材质及产品造型等。大众也会根据这些元素对产品做出初印象判断与评价。因此，外形设计对文化创意产品而言至关重要。设计者需要在色彩、造型、触感等方面力求做到耳目一新的视觉与触觉体验等。比如，前些年火爆全网的故宫博物院雍正"萌萌哒"系列图片（图5—5），便是这类文化创意产品的有益尝试，一经发布便获得了广大网友的关注与喜爱。由此可见，对于文化创意产品的研发应当尽量融入全新的创意思维，跳脱出固有的思维模式框架，并考虑融入当下先进的科学技术元素，从而提升观感效果，使得原有的文物焕发出新的生机与活力。

图5—5 故宫博物院雍正"萌萌哒"系列图片

（2）反思层面

反思层面是情感体验的最高层次的体现。在文化创意产品设计之初，设计者就应当从消费者角度出发，研究消费者的内心需求与情感诉求，从而对产品进行不同层面的了解，深度剖析产品特性，结合消费者情感体验等元素，对文化创意产品进行设计，并在产品面世后，收集大量反馈信息，对文化创意产品进行文化层面、物质层面的升级，从而将产品有形与无形完美地融合与体现，真正做到让受众能够在第一时间认可与接受文化创意产品。举例说明，故宫博物院近些年致力将科学技术与具有稀缺、珍贵且本体不易复原等属性的文物结合起来，通过信息技术手段，完美实现将文物实体进行数字化展示的做法，让广大受众能够足不出户，通过移动设备终端便可以轻松欣赏一个个精美的古文物，从而缩短了文物与百姓之间的距离，为用户提供了丰富的情感体验。

（三）思维体验

个体的思维活动，需要借助个体与外部世界产生一定的联系，在这种联系的基础上促使个体形成对外部世界的认知与理解，进而达到通过思维活动将文化创意产品更好地推广与宣传出去的目的。我们以杭州主题文化创意餐具"西湖盛宴"系列产品设计（图5—6）为例，设计人员将杭州文化以西湖美景作为依托设计在餐具上，满足大众借助文化创意产品了解杭州文化的精神需求，最大限度地激发他们的思维活动，从而达到宣传与推广产品的目的。

图5—6 "西湖盛宴"

这套以杭州西湖文化为背景的文化创意产品，其设计理念是将杭州美景作为文化创意作品的文化主题。与大红大绿的餐具设计不同，它在色彩运用方面以淡绿色作为主色调，尽显清新雅致的风格，尤其是餐具上的图案，将工笔画的写意精神发挥得淋漓尽致。此套餐具中最值得一提的便是半球形的冷菜拼盘尊顶盖，可以说是极富情趣的创意设计，从工艺制作方面也是极具挑战性的。整套餐具设计将江南文化与东方气质完美地融合在一起。基于此，能够看出设计者在最初进行产品设计研发时，是从思维体验的角度出发，经过反复斟酌与修改之后才呈现出来的。总的来说，首先，文化创意产品可以从地域文化角度出发，将地方特色发挥到极致。将文化创意产品的个性化与独特性发挥到极致，才能避开商品市场中同质化现象严重的情况；其次，文化创意产品在追求新、奇、特的同时，还应当注重产品的审美特性,将传统的文化元素借助现代的表现手段展现出来,从而实现文化创意产品艺术性与商业性的完美结合。

(四)认知体验

认知通常被当作体验式营销的基础性环节。在当今社会,随着文化创意产品呈现出的形式与类别日益丰富,人们可选择的文化创意产品也变得越来越多。要想在激烈的市场竞争中异军突起,文化创意产品的研发人员就要从产品的认知层面着手进行研究与开发,而认知层面往往体现在大众对产品的第一印象与第一知觉方面。因此,它更加强调的是大众的知觉体验与视觉感受。因此,文化创意产品需要借助不同的形式进行信息的传达,从而提高产品的文化内涵,达到社会教育的目的。设计者在进行文化创意产品设计时,应当对受众群体进行全方位的调查与分析,了解他们精神文化层面的具体需求,使得文化创意产品具有更加强烈的艺术感染力与视觉冲击力,促使文化创意产品的文化教育价值得以体现。

(五)理念共享体验

文化创意产品若想在一定程度上获得大众的广泛认可与接受,那么除了需要注重其商品属性之外,还应当从其文化属性出发,对文化创意产品进行研究与开发,使得文化创意产品最大限度地获得市场认可并且取得一定的经济效益。这就要求我们在对文化创意产品进行市场化运营时,注意坚持产品共享、文化共享与信息共享的基本原则。比如,北京故宫博物院以清代皇室典藏珍籍《天禄琳琅》作为文化创意产品的设计蓝本,研发出了一套名为"天禄琳琅"的文具礼盒套装(见图5—7),与世界读书日的主题相吻合,对求学的众多学子来说,具有一定的吉祥寓意。具体来说,"天禄"是清朝乾隆时期贮藏汉代典籍的宫殿,并且"禄"音同"鹿",因此在文化创意系列产品中融入了梅花鹿的形象,将这一概念具象化。

图5—7 北京故宫博物院"天禄琳琅"文具礼盒套装

在文化创意产品的设计过程中，设计者应当考虑将文化共享的理念巧妙地融入其中。第一，应当注重文化创意产品中文化符号化的表达，将文化通过具有象征性的文化符号向社会广大民众进行展示，从而获得更多对文化符号意义有所了解的受众群体，基于此，也使得更多受众拥有文化共享的机会与体验。第二，设计者在进行文化创意产品的设计之前，应当关注时下社会的热点话题与社会的整体发展趋势，以此设计出具有鲜明时代特征的文化创意产品，赢得广大受众的喜爱与追捧。第三，应当关注同类别或者使用功能相近的产品之间的关联性，对具有这方面属性的产品可以考虑按照系列产品的模式，进行市场营销与推广工作，以满足受众日益多元化的文化需求。

三、体验经济语境下文化创意产品开发设计的方法与原则

（一）体验经济语境下文化创意产品开发设计方法

1. 文化关联法

对于世间万物，无论从显性关系方面还是从隐性关系方面考虑，都应当注意事物间的关联性。只有看透事物间的关联性，才能更好地将不同元素融入文化创意产品中去，使产品呈现出令人耳目一新的设计效果。而这种文化的关联性通常体现在文化的内容、形式与产品三个方面，而要想使产品呈现出文化属性，就需要设计者对产品特性进行提炼、整合，让大众对这种文化性表示认可，并对文化产品产生情感共鸣，进而带给人们更好的文化体验。

在进行产品文化关联性操作时，首先应当对文化创意产品的文化主题进行明确，之后再根据文化主题对与之相匹配的文化内容展开调查，选择出适合的部分，进行文化内容与文化形式的设计工作，以便设计者更加直观地了解其中的具体信息。

2. 差异体验法

人们非常规、非传统的设计方式与思路应用到产品设计中被称为差异体验法，这种方法从某种意义上能够体现出其创新特性，能为消费者带来不一样的使用体验。为了适应不同的体验者需求进行不同的体验设计，就是差异体验法的具体应用，这些创新体验主要表现在文化创意产品的功能、形式，以及文化、情感等方面。

差异体验法能够应用到不同的领域中并对此进行研究。我们通常将产品独一

无二的功能带给大众不同的体验感受称为功能差异体验法。比如，在大众印象中马克杯是用来喝水的，这也是它物质层面的特征的具体表现。当大众将热水倒入水杯中时，水杯上的图案会随着水的温度而显现出来；当水杯里的水温下降时，水杯上的图案又会随之消失不见。这一设计促使马克杯的艺术观赏特性彰显出来，通过这种功能差异化的应用，可以使文化创意产品的创新性体现得淋漓尽致。

功能差异体验法的具体应用，首先，应当对目标受众群体进行信息收集工作，可以借助问卷调查法、观察法及访谈法等调查法；其次，将收集来的信息分别进行归纳总结，从整理好的信息中分析出目标受众群体对产品差异化的具体需求；最后，再基于这些信息进行具体的设计工作。通常分为以下四个步骤。

（1）选定目标用户与设计主题

在明确文化创意产品设计主题之前，首先应当做好目标受众群体的定位工作。目标受众群体的定位需要从不同的角度出发进行分析。按照性别划分，可以分为女性用户群体与男性用户群体；按照年龄层次划分，可以分为儿童、少年、青年、中年与老年；还能够依据工作、收入与学历等方面进行目标受众群体的划分。总而言之，在进行受众目标群体划分时，应当做到具体情况具体分析，这样才能确保产品定位准确无误。

（2）选定测试方法获取目标用户需求

通常来说，为了获取产品功能差异化需求的具体信息，信息收集者会选用李克特量表对目标受众群体展开调查。此类调查法主要通过五种不同的陈述内容，让被调查者根据自身的实际情况进行选择，具体回答内容为"非常不需要""不需要""不一定""需要""非常需要"。然后信息收集者再根据不同回答内容的选项总分，以及结合目标群体的不同状态展开分析。量表中（表5—4）的五种功能选项内容分别是娱乐功能、认知功能、使用功能、审美功能、教育功能（功能无顺序之分）。被调查者可以根据自身实际情况，选出认为比较感兴趣的选项以及感兴趣程度。

表 5—4　功能选项评分量表

名称	功能选项	非常需要	需要	不一定	不需要	非常不需要
功能差异体验	使用功能					
	审美功能					
	娱乐功能					
	教育功能					
	认知功能					

（3）进行信息整理

调查问卷工作完成后，需要对调查信息进行归纳整理，将不同功能选项的分数逐一进行统计。具体方法为将被调查者对不同功能选项的评分统计求和，然后将这些不同功能选项的总分按照高低排序，处于首位的便是目标用户认为最为需要的功能，与之相反，如果得分最低，那么表明这一选项是最不被大众所需要的功能。但是，不可忽视那些得分相对较低的选项，也许它们将成为未来大众所需要的潜在功能需求，所以仅仅通过一次调查问卷是无法挖掘出其潜在的商业价值的，这就需要文化创意人员紧跟时代脉搏，做到提前预测市场下一步的需求点，把握商机。

（4）将功能需求体验融入产品设计

从功能选项调查图表中排名较为靠前的选项中选择一项或几项，对这些功能进行延伸，从而达到满足用户需求的目的。具体需要通过功能差异体验来完成，使得用户借助功能差异体验获得相对愉悦的心情。文创产品的设计者在进行设计时，应当更加凸显出使用功能这一特性，以满足目标受众群体的实际需求。

（二）体验经济语境下文化创意产品开发设计的原则

1. 目的性原则

设计者在设定好主题范围之后，在对现有的文化资源进行整合与提升的基础上，应进一步明确文化创意产品的主题方向，这便是文化创意产品设计的目的性原则。文创产品的主题特征在营销推广中占据重要地位，因为消费者通常会被某一类型或者主题所吸引，进而在某一主题框架下对产品进行选择。因此，文化创意产品的文化特征展示能否引起目标受众群体的关注，并引起他们的情感共鸣显得尤为重要。

由于消费群体存在一定的差异性，因此在进行文化创意产品的主题设计时也应该做到因人而异，使得在进行主题设计时具有较强的针对性。在体验经济背景下，人们对大众化的事物兴趣越来越少，开始对个性化的事物较为关注。我们可以依据不同层次、不同年龄段的受众群体设计符合他们品位的文化主题。比如，针对中老年受众群体，我们可以选择将传统文化作为文化创意产品的设计主题，从国画、戏曲等领域提取产品设计所需的关键要素；针对儿童受众群体，我们则能借助生动的动漫人物形象吸引这一群体的注意力，令他们对产品产生兴趣；针对年轻受众群体，我们则要从时下流行的文化潮流、音乐、影视剧等方面提取关键要素，作为文化创意产品主题设计的重要信息。[1]

---

[1] 刘宁宁：《体验经济视野中的节事类旅游产品设计研究》，华东师范大学 2004 年硕士学位论文。

2. 互动性原则

作为文化创意产品，要尽量让消费者在使用本产品时，与产品产生愉快互动的体验感与交流感，这便是文化创意产品的互动性原则。要将互动体验理念引入文化创意产品的设计中，不断增强文化创意产品的互动属性。由于在设计之初缺乏对消费者需求的了解，一些传统产品在一些基本功能方面存在欠缺，最终只能是被社会所淘汰。

3. 情感性原则

伴随社会经济的飞速发展，人们的物质生活日益丰富，与之相匹配的精神层面需求也在不断提高。在这种情况下，大众对产品的需求不再局限于基本的使用功能层面，更多想要获得心理方面的满足。[①] 鉴于此，设计人员在进行文化创意产品设计时，除了满足用户对产品基本的使用功能的要求之外，还要尽量让用户在使用过程中获得精神的愉悦，这就要求在产品中注入更多情感因素，使产品与用户之间建立某种情感链接。

当人们的物质需求得到满足的时候，就会从精神层面上寻求更多的情感寄托。基于此，设计者在进行文化创意产品的设计时，就需要从目标受众群体的心理、情感层面入手，考虑到他们的情绪与情感需求。由此可见，情感因素在文化创意产品的设计中占据着重要的地位，它包括使用者的情感反应与心理活动、产品本身的物质属性所包含的情感因素、使用方式的不同隐含的情感因素。通过对以上三方面因素的整理，有利于我们找到人类与产品建立情感链接的最佳方式，从而增加产品与人的互动性，增添产品的人文气息。

第二节 基于情境整合语境的现代文化创意产品设计与开发

一、产品设计中的情境研究

（一）关于情境系统概述

很多领域都对"情境"和与之相关的理论进行了广泛的应用，如文学领域、政治领域、建筑领域、教育领域、设计领域等。在这些领域里，人们会根据自身

---

① 马微:《体验视角下文化创意产品的设计与开发研究》,《今古文化创意》2021 年第 25 期, 第 64—65 页。

领域的特点在研究重点、目的和方法方面有着不同的侧重。比如，对于文学领域来说，有关情境的研究会更加注重特定的语境和剧情间的结构关系和相互的影响；而在建筑领域，则更侧重于建筑物与周边环境、相关背景等方面的关系。

情境在心理学领域属于一个核心术语，其概念是会对人产生直接刺激、具有社会和生物学意义的具体环境。情境和意境是不一样的，情境不是人自己想象出来的精神世界，而是由真实存在的物理环境、对人造成影响的作用环境、个体受到影响后发生的心理和生理上的变化等因素组成的，它是一种特殊的场景，由对个体产生各种影响的因素组成。所以，心理学将情境分成两大类：一是客观情境，就是对人的心理产生影响的客观存在的情境；二是主观情境，就是人的心理状态。

在认知心理学中，情境还被叫作情景、背景等等。1896年，情形这一概念被约翰·杜威提出，这一概念就是当前心理学中的重构记忆。重构记忆表明，记忆是一直不断更新的，而不是永远固定在事件发生的时候或者只保有以往的原始经验。人们在回忆以前的事或者经验的时候，其实就是对以前的事和经验重新构建的过程，而不是简单地对它们进行提取。1972年，加拿大认知心理学家恩德尔·图尔文提出了情境记忆。情境记忆主张：人的记忆就是对过去的事或情境进行重新构建，当然，这样的重构不是凭空捏造的，而是以记忆中的经验、事件为基础的重构。① 所以，情境记忆的内容是由事件发生时的情境所决定的。任何一种记忆经过了重构过程都会增长新经验，从而产生新的情境记忆，这会对以后的记忆产生一定的影响。不管是重构记忆还是情境记忆，都表明了情境的重要性，在形成记忆和提取记忆的过程中，情境对记忆的影响是巨大的。

在设计领域中也会涉及情境，而这里的"情境"主要是指产品在特定的环境与时段里呈现出来的特殊形态，以及产品和相关要素发生的交互作用。情境设计通常分为两种：第一，能为设计者带来灵感的情境设计，它主要依赖于设计者的感知行为，如经验、智慧、灵感等；第二，基于具体信息进行的情境设计，它主要依赖的是设计者在设计初期所收集的有关市场情况、环境状况和受众状况的信息及相关的分析。对于情境设计的研究可从两个方面进行：一是人对产品进行使用的情境研究，二是对设计者的设计环境研究。因为对于用户体验的问题是很难用统计法对其加以量化的，所以在设计时，设计者一般都会对用户的情境进行构建，达到模拟情境的目的，使用户在使用产品时能在模拟的情境中获得相似的体验，从而提高用户的体验。

---

① 赵强、王林：《文化创意产品设计中情境整合理念的应用》，《黑河学院学报》2020年第11期，第3页。

（二）涉及情境的相关方法

产品设计过程中涉及情境的相关方法主要有情境分析法、情境构建法、情境故事法等。

1. 情境分析法

情境分析法的基点是虽然未来充满未知，但很多东西是可以被预测的。如果能够通过某种手段将可预测与不可预测的东西分离，再对可预测且有规律的因素进行充分了解，就可以有效降低其不确定性，然后基于未来的发展做出相对准确的预测。

专家根据情境分析法提出过很多分析的步骤，其中最被大众认可的就是斯坦福研究院提出的六大步骤。

第一步，明确决策焦点。就是把精力主要集中在一些比较关键且不容易预测的问题上。

第二步，识别关键因素。将对决策造成直接影响的环境因素找出来。

第三步，分析外在驱动力量。对关键的外在驱动力量加以确认，包括经济、技术等多个层面，这些驱动力是影响以后状态的重要因素。

第四步，选择不确定的因素。选出两个或者三个不确定的关键因素，将其组合成发展情境逻辑的框架。

第五步，发展情境逻辑。选择两个或者三个包含全部焦点问题的情境。

第六步，分析情境的内容。对角色情境进行模拟，从而对情境的一致性进行验证。在这一阶段，专家可根据自己的想法进行辩论，最后达成统一的意见。

2. 情境构建法

产品设计就是设计用户未来会使用的新产品，所以在情境构建时，通常是对虚拟情境进行构建。产品未来会发生的事情通常可以从现存的东西上被推测出来，情境构建法就是对目前的情境和受众的期许进行分析，从而对未来产品的需求情况进行探索，促使设计者对设计进行调整。

情境构建以产品未来所处的情境作为出发点，对收集整理好的信息进行分类、整合，然后根据自然情境下的人、环境、产品与用户心理情境下的情感、思维、行为动机等各个方面来寻求产品的机会点，进而形成系统性、科学性的产品生态体系。产品设计研究包括很多环节和步骤（图5—8），在完整的设计研究流程中，情境构建是第三阶段，这一阶段也属于设计研究的重构阶段。

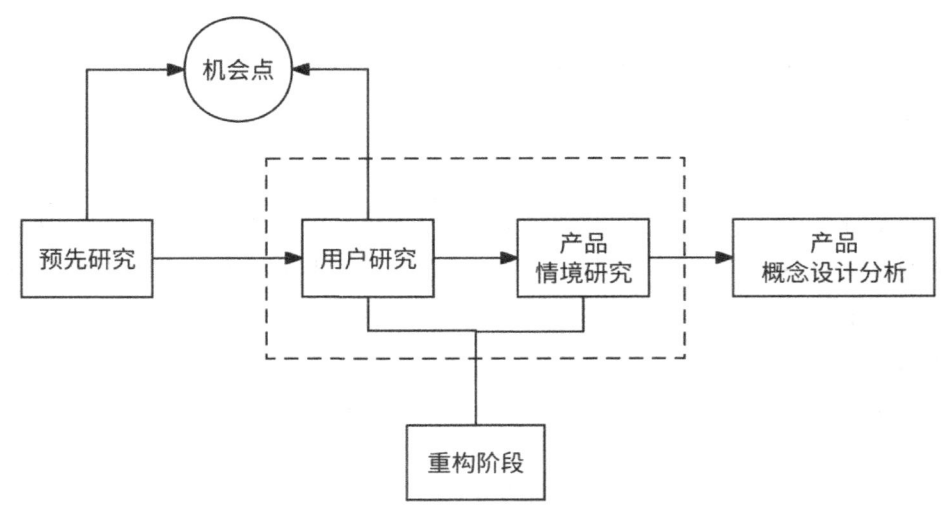

图 5—8　情境构建法的一般流程

3. 情境故事法

情境故事法就是设计者以用户的视角，利用视觉的手段，运用视频、故事板等工具，通过想象出来的故事对产品的使用情境进行模拟的设计方法。通过视频或者图片，将不同场景、时间的分镜头提取出来，对人、产品和环境三者间的关系加以分析，促使设计者能够站在用户的角度对新设计的产品的故事构思进行挖掘，并且将其当成评判设计是否合格的依据，从而实现对新产品修正和创新的目的。

台湾工艺美术师林荣泰在进行文化创意设计时就使用了情境故事法。在工作室里，以林荣泰为代表的美术师对文化创意产品设计进行分析，最终将其分成了四个阶段：一是情境的发展，二是情境的交流，三是产品发散，四是产品设计。同时，还为学员们制订了学习设计清单：

第一，情境发展阶段。把自己的姓名、年龄、电话等相关的基本信息填写上去。

第二，情境交流阶段。以演说人对当地文化的讲解为依据，选择一个原住部落的典型服装进行设计。把和服装相关的文化特点、神话故事填在表格里。

第三，产品发散阶段。根据自己想要设计的产品和填写在表格里的内容进行情境式交流。

第四，产品设计阶段。绘制产品草图。

综上所述，上文所提到的三种与情境相关的理论都是帮助设计产品情境的研究方法。在设计产品时，这三种方法是相互依存的关系，同时又各有侧重。下面对这三种方法再做一个总结。

第一，情境分析法。侧重的是对现存产品情境的研究，通过科学的定性、定量的方法，在设计初期为设计者提供用户分析、需求分析等，就是在现实生活中提取有用的要素，从而为以后虚拟情境的构建做铺垫。设计者可以通过该研究方法对设计的主要问题有一个清晰的认知，这是一种通过现实要素构建新产品虚拟情境的方法。

第二，情境构建法。就是以产品以后的情境作为出发点，对前期搜集、整理的资料加以分类和整合。该方法可以帮助设计者先拆解现实产品情境的各种要素，然后再重新构建将来的产品情境，重构后的情境会对设计者的情感、心理、记忆等方面产生刺激作用，从而影响其行为意识，并贯穿于设计者的整个设计思维过程中。

第三，情境故事法。使构建的产品情境能通过可视化的形式呈现出来。当前很多设计者在使用该方法时，都对前期的情境分析阶段进行了弱化，而更加注重设计者的主观思想。

二、产品设计情境空间的构建

（一）情境知识空间

所谓产品存在，指的就是产品系统和外部环境的交互过程。这里的外部环境包括使用产品的人和使用产品的环境，在这样的交互过程中，产品系统的特征得以产生。在设计过程中，可以从交互情境中得到情境知识，并根据这些情境知识来确定产品的属性及产品的存在方式。情境知识可分为两方面的内容：一是要素知识，要素知识是组成情境空间的要素所包含的信息；二是交互情境知识，就是从人和环境的情境中了解人的需求，然后根据这些需求进行具体的构思设计，同时获取和产品设计有关的约束前提。简单来说，就是通过现实的或者虚拟的情境，把设计对象放到人、物、环境中去，从而达到获取产品相关信息的目的，同时对产品系统中的各种因素加以明确，最后将产品的构想明确地呈现出来（见图5—9）。

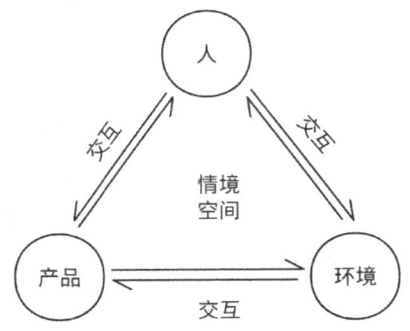

图 5—9　情境组成要素关系

1. 情境要素知识

情境要素知识就是组成情境空间的人、产品,以及环境这些要素所包含的信息资料。要素的相互作用以这些信息为依据,因此只有对这些信息进行充分获取之后,才可以在它们的相互作用中对有效信息进行掌握,从而掌握产品的准确概念。分析情境要素有助于产品概念的范围进行确定,从而找到要素进行相互作用的交点(见图 5—10)。

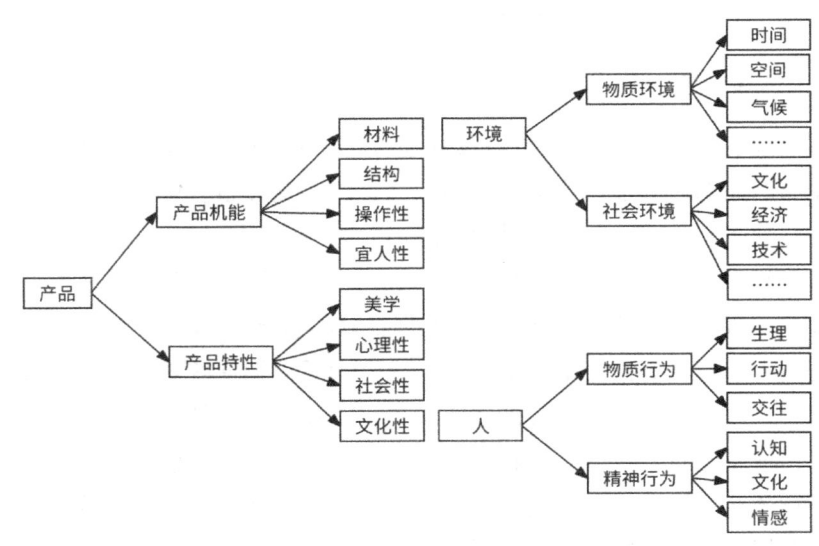

图 5—10　情境要素知识

2. 交互情境知识

图5—11表明交互情境知识获取示意。

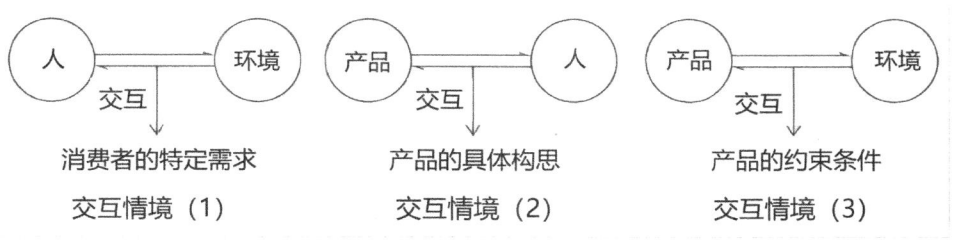

图5—11 交互情境知识获取示意

情境一：这是设计的出发点。人、环境二者之间的交互会使人在不同环境中表现出不同的行为，从而在此过程中产生不同的需求。

情境二：人、产品二者之间的交互，使人对产品做出各种行为，而产品会对这些行为进行反馈，也就是人和产品在操作、认知等方面的交流。在此过程中获取产品的设计构想。

情境三：环境、产品二者之间的交互，不同的环境会对产品提出不同的需求；反之，产品会对环境造成影响。在此过程中，这会对产品设计产生约束作用。

（二）情境设计空间

产品并不是独立存在的，不管是什么产品，都会在一定的环境内被人使用，所以，产品最大的价值就是它的使用价值。于是，威廉姆·克兰西（William Clancy）提出了类比法及相关理论。类比法是根据两种事物在某些特征上的相似之处，做出其与其他特征也可能相似的结论。类比设计"ABD"为求解设计问题提供支持。它强调世界上发生的很多情境、事件、情况和情节都可能再次出现，世界上发生的一些很微小的改变都可能使世界上的一些概念同样发生改变，这些改变具有一定的规律，相同或相似的处理方式、行为方式都可能导致出现相同或者相似的结果，以往很多的设计案例都能为现在设计者的一些设计提供助力。

设计者会和设计所处的环境产生相互作用，这会对设计的过程产生一定的影响。把情境设计的思想看成形成创新设计的途径，把情境作用到"FBSF"模式中，所进行的产品设计是面向情境的，从而构建出产品情境设计空间（见图5—12）。把情境作用于整个设计过程，把情境要素间生成的交互情境应用到设计中，就可以得到和产品的功能、行为、结构、形态等相关的内容与要求。

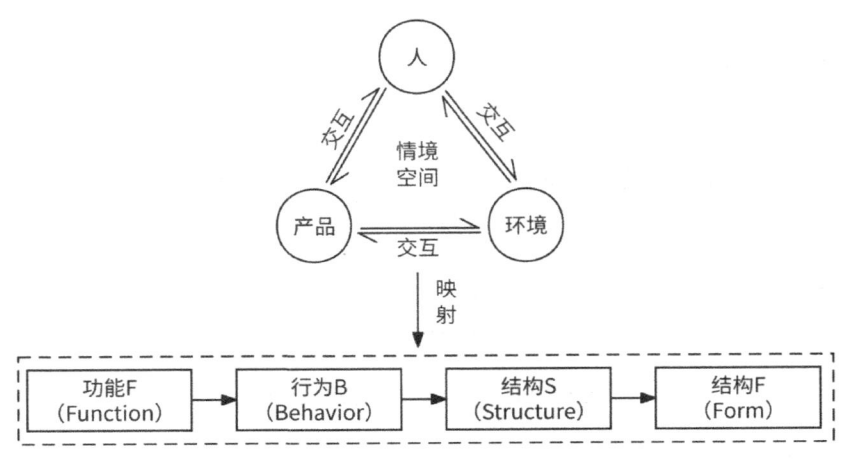

图 5—12 面向情境的产品设计框架

1. 功能

功能其实就是一个产品的作用和其具备的功效,是产品的价值体现。根据功能的表现,可将其分为两个方面:一是物质功能,二是精神功能。前者主要表现在产品机能上,后者则表现在产品的特性上。功能的媒介就是产品的构造,而功能的实现方式则是行为,如果没有产品构造,其功能就无法具体呈现出来,而如果没有行为,其功能就不能得到发挥。产品具有和普通事物不一样的形态,产品之所以能存在主要是因为其使用功能,所以要想满足用户的使用需求,在设计产品形态时就必须以便于人们操作为前提。产品的功能要素对产品的构造起决定性作用,从某种意义上讲,即使是对产品外形构造的改进,也是对产品功能的革新。

2. 行为

产品功能的实现要通过行为,行为是功能表现出来的动态特征。行为是用户在使用产品时表现出来的动作。行为不但受到功能的指引,还会受到环境的影响。因此,行为不仅在人和产品的交互情境中形成,还受到交互环境的制约。例如,夏天室内太热开空调的时候,空调的指示灯会提醒人先把电源打开,再调至合适的风速。当室温并不是很高时,就可调小风速。

3. 结构

产品功能和操作的实现需要经过结构这一途径,并且结构还是支撑、承受物体的外在形态。产品设计会通过结构来呈现具体的构思,结构同样也会受到产品、环境交互的制约。如果将结构进行划分，可分成内部结构和外部结构两种，这两种结构是难以分割的。

4. 形态

由于情境的产品设计是在人—产品—环境系统内展开的，这样的系统就包含两种情境：一是人的情感环境，是建立在人—产品—环境系统构建的情境中，对产品功能、行为的产生和对情感过程的体验与感受；二是产品的物理环境。形态是伴随着功能—行为—结构的相互作用而发生的，产品的功能及操作行为对内部形态有着直接的决定性作用。但是情感形态生成的渠道有很多，其中仿生类比最为常用。不管是在动物形态还是植物形态上，其都能发现带有情感因素的类比情境，就像很多婴幼儿使用的产品会仿照大自然中一些可爱的动物或者植物的形态，从而设计出与婴幼儿天真的心理、情感相适应的产品。当然，也可以从自然现象中发现类比形态，比如，把类似于水珠的形态应用到水杯上，给人传达一种纯净、清凉的感受。再比如，在一些小的用于降温的电子产品中应用水波的形态，传达出一种清风吹过、清爽宜人的感受。

将形态的意义分成两种进行表达：一是产品机能的表达，二是产品象征的表达。然而，这两种表达是不可分割的整体，前者是形态的基本，在塑造产品形态时，必须以保证产品的机能为前提；同时，在后者的表达上还要追求个性化，从而传递出不同于其他产品的独特情感。

（三）情境衍生空间

1. 主情境

"主情境"通常是指一个基本的、核心的或整体的情境。这是主要的、最初的或最为广泛的背景设置，它为发生在其中的事件或子情境提供了一个基础或框架。主情境定义了一个大背景，如一个故事的背景、一个认知任务的基础设置，或一个人工智能系统需要理解和操作的主要环境。

2. 子情境

"子情境"则是从主情境中衍生出来的，比较具体或者更加具有局部特征的情境。子情境是嵌套在主情境下的、更细节化的情境，通常处理主情境内的特殊事件、特定问题或局部区域。

比如，我们在设计一款校服的时候，就可以根据服装、学生、学校构成主情境空间；组成主情境的三要素又能继续衍生出一些子情境，如学生、生活场景、生活用品就可以组成一个子情境。越往下发展，衍生空间所受到的影响越小，创新思维才能更好地发挥作用，但是由于主情境的约束，并不会产生毫不相关的创新（见图5—13）。

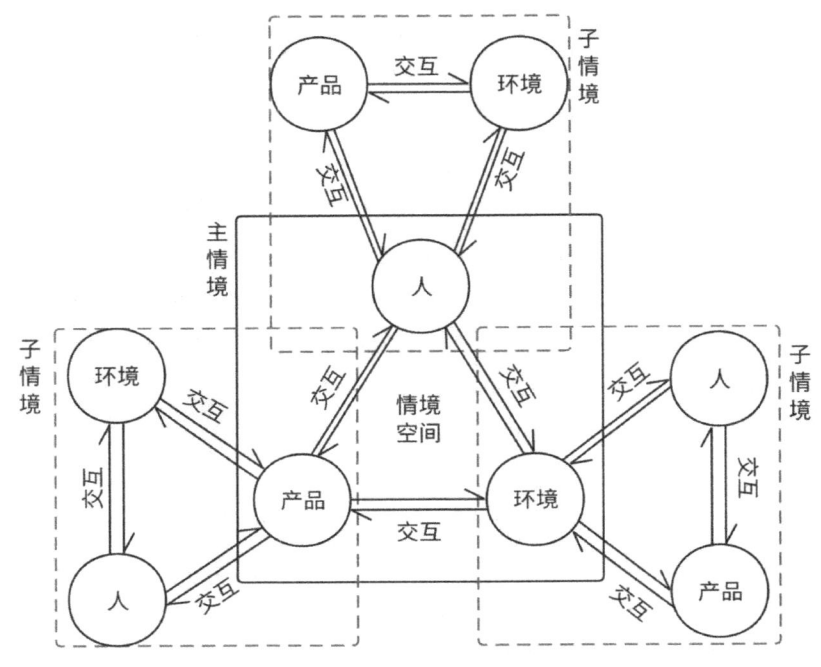

图5—13 主情境和子情境的关系示意

三、基于情境整合语境下的文化创意产品开发设计

（一）文化创意产品设计情境整合的具体过程

1. 组合

设计者可以从文化情境中收集元素，再将它和形成于现实生活情境中的有使用功能的产品相匹配。如果二者在形态、颜色、使用材料上比较相近，就会投射至情境整合当中，生成超越以往各自空间的分离的关系，产品创意就此形成。

2. 完善

现代生活情境与文化情境映射的相互关系会激发设计者脑海中的一些案例情境，同时还会将二者情境中的特定细节激活，然后设计者根据草图、自身能力及文化背景改进创意。这时，在心智空间里被设计者重构的情境整合的功能便得以发挥。

3. 拓展

拓展的作用就是对产品创意再次进行改进，在这一环节中，设计者能够通过草图或者数字化建模来揣摩细节部分，同时在虚拟情境中以产品的约束条件为依据，反复对产品进行修改和验证。

根据空间整合理论，空间整合涉及两个或多个输入空间中部分结构的投射及第三个空间的信息整合，当一个输入空间的信息同其他信息明显不同时，这时概念整合会产生新创意。

对文化创意产品来说，在它的设计过程中，如果在情境整合过程中产生了新创意，就说明创意已经开始出现了。根据概念整合理论，创意出现的过程其实是心理空间根据现有情境发生的认知行为。产品创意需要在认知模式里经过不断类推、递归等操作才能产生，它所显现出的最明显的特征就是动态性、即时性。

因为人类的思维具有一定的局限性，所以关于产品的功能需求及约束条件，人们很难同时兼顾。设计的过程就像人认识事物的过程，是层层深入、从简单的认识到复杂的理解，这也是思维的规律所在。所以，本书提出的情境整合，就是利用先拆解、再整合的方法来解决设计过程中的一些问题。首先，在文化创意产业情境中，产品和环境的要素是具有双重性的，根据其双重性，可以把文化创意产品情境拆解为两种情境：一是文化产品情境，二是生活产品情境。在不同情境下，可以满足不同需求的设计条件及问题。于是，设计者便会形成两种构思，一是侧重文化内容，二是侧重硬件载体。然后设计者通过整合，对文化创意产品的功能、结构、形态等多个方面产生影响，最后产品方案便成形了。

以情境整合的过程为基础，要想形成产品的概念，不能仅依赖一些突发的灵感，也不需要经过多次反复的试错，只需要在满足功能需求的基础上设计出方案，在生成产品创意之后，在设计草图时以约束条件为依据，慢慢对方案进行改进。这样的设计步骤不仅有助于设计者明确掌握设计问题和条件，还能在约束条件的作用下，在方案制订的初期就对产品有一个清晰且准确的定位，从而促进设计高效进行，使文化创意产品的开发风险得到控制。

（二）文化创意产品设计"X"型整合情境模型

设计情境是虚拟的，就是对产品未来的使用情况进行模拟。设计者可以从未来的虚拟情境出发，对收集的资料进行整合，再根据自然情境中的产品、人、所处环境及关系要素将同类型的要素整合在一起，从而构建出系统、科学的产品系统。从空间整合上看，其理论中的多种空间映射关系能够对构建产品情境的本质进行解释。而整合空间，就是根据输入空间整合后的情境空间，它在初步创意产生那一刻就在设计者的大脑中开始构建了。整合情境是设计者完善和拓展产品方案的依据。

福柯尼耶（Fauconnier）和特纳（Turner）表示，在整合的最初阶段，新的关系已经被创造出来了。所以，整合空间绝对不是简单地将两个输入空间叠加在一起，整合空间是被重新构建的心理空间，其中包含了新的关系。对概念整合而言，在关系整合中必定使用压缩的手段，一些离散的东西会通过压缩的方式进入网络中，从而对关系进行强化并获得整体视界。

对于概念整合来说，其本质就是对关系进行整合。文化创意产品的情境分析来自两种情境：一是文化产品情境，二是现代生活情境。不过这两种情境最后都会作用到一个产品上，并且会是同一使用者来使用该产品。所以，本文将文化产品情境与现代生活情境分析模型中的用户重合，通过用户身份关系、元素特征与范畴及使用者空间关系的压缩，整合形成文化创意产品所特有的"X"型情境空间模型（见图5—14）。

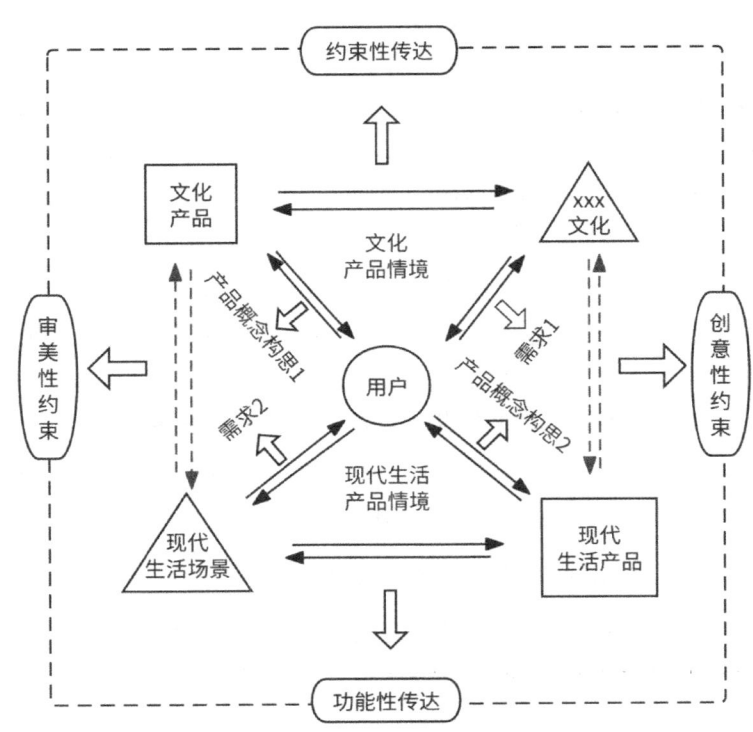

图5—14　情境整合下的"X"型分析模型

在"X"型模型中，现代生活产品情境主要侧重满足用户在现代生活场景中的功能需求，因而产生"×××（生活）产品"的概念构思1集合。概念构思1集合可借助观察法、访谈法等研究方法，观察并发现用户在衣、食、住、行、用等的生活或工作场景下的问题点，然后创造出能够满足人们日常需求的产品。比如，在网络时代里，人们使用数字化产品的频率在不断增加，数字化产品已经成为人们生活中必不可少的东西，人们对它的依赖程度在不断攀升，设计者通过人们使用数字化产品的现实情境就会发现人们的其他需求，如手机壳等，这也就成了设计的机会点。对文化产品情境来说，主要强调的是使用户的情感需求得到满足，所以便形成了"×××（文化）产品"的概念构思2集合。设计者可通过拍照、软件描摹等方式对重点文化元素进行采集、提取，形成可用于产品形态、色彩、材质等方面的设计素材，设计素材集合为产品设计转化做铺垫。概念构思1集合与概念构思2集合都是设计者在设计准备前所收集到的信息。

产品概念构思1集合中的功能点，与产品概念构思2集合中的文化元素，二者将在设计者的脑海中相互作用，从而激发出创作灵感，形成产品创意。此外，因为对于新产品而言，文化元素和功能点在功能上是互补的，所以设计者必须把二者所处的情境进行整合再分析。在对情境整合以后，之前属于两个情境的环境和产品就会在新的交互作用下形成多重的约束条件。

创意产品能否通过其功能刺激人们的购买欲，取决于其选择什么样的载体去承载文化内容；同时，应该选择什么样的文化内容，把它当成设计元素融入产品设计中，决定了该创意产品能否从情感上打动人，让人对其产生认同感。在"X"型情境模型中，来自两种情境的构想和实际需求相互促进，从而使用户的实际需求得到满足，并且其构想富有文化内涵，让产品更加生动，激发消费者的购买欲。

（三）文化创意产品设计情境整合下的约束条件

1. 传达性约束

文化产品与环境在相互作用的过程中会产生传达性约束。传达性约束对创意产品的要求是：必须将文化内涵准确无误地表现出来，从而有助于在使用产品时将文化内涵传递出去。传达性约束对产品的整体特征进行限制，同时也会考虑到一些细节部分，所以设计者必须先去了解相关的文化，再着手设计，选择合适的文化元素应用到设计中。在选择时，可以将能反映文化内涵的材料、颜色等提取出来融入产品设计中，从感官层面、内涵层面、技术层面将产品蕴含的文化内容呈现出来。

比如，山水系列的办公用品。该系列办公用品是黑檀木材质的，这种木头具有很好看的纹理，给人一种水墨画的即视感。设计者先将黑檀木腐坏的位置去除，然后用树脂进行填补，黑檀木的表面就会光亮如新，然后再经过设计，笔筒、文具盒、毛笔管等办公用品就诞生了。从感官上讲，这样的办公用品结合了水墨画的元素，使用户感受到水墨画的独特美感；从内涵层面来说，将废弃的木头再利用，体现了我国提高资源循环利用水平、变废为宝的造物观，文化内涵也极为深刻。

2. 创意性约束

文化产品和情境在相互作用的过程中会产生创意性约束。创意可以将文化和现实生活连接起来，创意性约束对创意产品的要求是：设计者要通过现代的思维和表达方式，找出具有文化内涵且与现代生活相适应的新形态。只有扎根到现代生活中，才能使创意源源不断。一个好的创意产品，其文化元素必须与产品本身有一个完美的契合点，这个契合点通常表现在产品的外形、功能等方面。创意性约束可以使产品在现代生活中展现出新奇、有趣等特点，使创意产品更加吸引人的眼球、更吸引消费者。

比如，文创产品檀钓香座（见图5—15），这是使用签香、线香必备的香具。设计者找到了钓竿和线香之间的契合点，将我国山水诗画的美呈现出来，使人仿佛身处于古诗所呈现的意境之中，带有浓厚的中国传统文化气息。

图5—15 创意产品檀钓香座

4. 审美性约束

文化产品和现实生活在交互作用下会产生审美性约束，审美就像文化一样，会随着人类的进步而不断改变。不管处在人类社会发展的什么阶段，都会存在属于当前阶段的经典类型。在审美性约束下，设计者不能生硬地套用一些文化元素，而是要把自己对审美的理解和流行趋势融入其中，对文化元素进行合理的创新与改进，以适应当代人的审美习惯。同时，在审美性约束的作用下，创意产品所表现出来的形式更加符合当代人的生活情境。

比如仍以檀钧香座为例，它带有浓厚的山水诗画的美感，并不像别的香座有着非常写实、具体的雕刻形象，而是对其外形进行了简化，几何构造十分有特色，更加符合现代人的品位。

对于文化创意产品来说，它具有多重的约束条件，能够帮助设计者对设计的条件和问题进行清晰的定位，从而促使设计工作平稳有序地开展，使设计方案更有活力，从物质和精神方面共同激发消费者的购买意愿，使产品的经济价值、文化价值更好地实现。

第三节　基于生活美学语境的现代文化创意产品设计与开发

一、传统生活美学与文化创意产品开发设计的融合

（一）建筑美学

中国拥有许多历史悠久、种类繁多的古代建筑，其中包括庄严肃穆的陵墓、沧桑辉煌的石窟、固若金汤的城池、风格迥异的桥梁、千姿百态的古塔、清幽宁静的寺观、富丽堂皇的宫殿、诗情画意的园囿、典雅古朴的民居等等，它们都是我国传统文化不可分割的一部分。除此之外，这些古代建筑还将我国民族传统文化的魅力展现了出来，具备很高的文化价值和艺术价值。中国传统建筑美学是一种融合自然、社会和宇宙观念的文化表现形式，它不仅仅体现在实体建筑的构造上，更渗透到了整个社会文化和美学观念之中。中国古代建筑美学的特点可以从以下几个方面加以分析。

首先，中国传统建筑强调"天人合一"的哲学思想，追求建筑与自然环境的和谐共生。古建筑往往以其周围的山水环境为依托，通过精心的布局和设计使建筑物与周边自然景观相得益彰。这种设计理念不仅体现在宏观布局上，也表现在微观的细节处理上，如对于光影、空间流动的把握等。

其次，对称的格局。中国古代建筑多采用对称的形式，表现出一种庄重、平衡的美感。尤其是宫殿、寺庙等重要建筑，通常以中轴线为核心，左右对称分布，体现出等级制度和宇宙秩序的观念。对称性不仅体现在整体布局上，也贯穿于建筑的门窗、柱梁等部件的设计之中。

最后，中国古代工匠在建筑构件的制作上具有极高的技艺，从雕梁画栋到斗拱瓦当，都流露出精雕细琢的匠心独运。这些工艺不仅具有实用性，更具有极强的美感和艺术价值，还反映了中国古代建筑对细节的极致追求。此外，中国传统建筑也体现了深厚的文化象征意义。建筑元素，如门楼、牌坊、屋檐等都蕴含着特定的文化寓意，如龙和凤的装饰象征着尊贵，莲花和石榴等图案则象征着吉祥和繁荣。这种象征性的设计使得传统建筑不仅是居住和使用的空间，更是文化和审美的载体。

要想充分体现中华民族传统文化的艺术价值和文化价值，并令其符合现代审美观点，就需要挖掘中华民族传统文化所包含的艺术魅力与文化内涵，将其转化为各种可视化的视觉符号。中国传统建筑美学对现代文化创意产品开发具有重要的参考和引用意义。第一，在设计理念上，现代文化创意产品可以借鉴中国古代建筑与自然和谐共生的理念，强调环境友好，追求产品与自然环境的和谐相融，提倡可持续的设计理念。第二，从形式美上，现代设计可以吸收中国古建筑对称、平衡的格局，用于产品外观的设计中，使产品呈现出一种稳重和传统的美感。

此外，传统工艺的传承与再创新也是现代文化创意产品开发的一个重要方向。现代产品设计可以将传统的雕刻、彩绘等工艺与现代材料和技术相结合，创造出既有传统韵味又符合现代审美的文化产品。同时，文化象征意义的融入，也使得产品不仅仅是物质的载体，更成为传播中国传统文化的媒介。

（二）漆器美学

我国是世界上最早开始使用漆的国家，拥有着源远流长的漆文化。漆文化是一门具备丰富内涵的综合性艺术，包含了漆雕、漆画及漆器。其中，漆器是"漆艺"的主体，它指的是表面被涂上漆的美术品、工艺品、日常器具等，漆器必须依附于一定的胎体才能够存在。早期的漆器具备较强的实用性，常被人们当作日常物品来使用。从战国到秦汉年间，漆文化得到了前所未有的发展。但漆器的实用性在瓷器诞生之后开始减弱，逐渐转变为欣赏和审美功能，形成了以审美为主的艺术形式，即漆雕、漆画，这也代表着漆艺文化从实用领域步入艺术领域。

1. 传统漆器的设计美学

（1）色彩美

红色和黑色是我国古代漆器使用率最高的两种颜色。其中，红色鲜艳、外放，象征着尊贵，自古以来就深受人们喜爱；而黑色深沉、内敛。在器物上使用这两种颜色，能够给人带来含蓄古朴、大气庄重的感觉。此外，在漆器的持续发展下，色彩的运用也实现了新的突破，大量天然材料的诞生，产生了绿、蓝、金、银等颜色。如果将比较有质感的颜色作为底色，并在底色上增添鲜艳的颜色，便能呈现出比较强烈的视觉效果。

（2）材质美

漆器的主要材料为天然漆，即从漆树中提取的树液，经过精心加工后形成的一种保护性和装饰性极强的涂料。在材质美学方面，中国漆器以其光泽、质感和耐久性三大特性而著称。首先，漆器的光泽是其最为人称道的特点，能够呈现出深邃、温润且具有镜面反射效果的光泽，给人以富贵典雅的视觉感受；其次，漆器的质感亦相当独特，通过多次涂漆与打磨，使得漆器表面光滑如玉，触感细腻，同时具有良好的抗菌和防腐功能；最后，漆器耐用性强，即便经历长时间的使用，也不失其光泽和色泽，甚至随着时间的推移，其色泽会更加深厚，展现出一种"古色古香"的韵味。中国漆器的制作工艺包括打底、上漆、雕刻、描金、嵌嵌、绘画等多种技术，每一道工序都需要极高的技艺和耐心。这些传统工艺不仅对漆器的审美价值产生了深刻的影响，而且也极大地丰富了漆器的文化内涵。例如，雕漆技艺中，通过对漆层的逐层雕刻，展现出复杂的图案和细节，使得漆器不仅仅是一个实用品，更是一件能够传递各种文化寓意的艺术品。在产品开发中，设计者可以将漆器的美学特性和工艺技术融入现代产品的设计，使产品既展现传统文化的魅力，又符合现代生活的实用性要求。例如，可以将漆器的纹饰和色彩应用于现代家具设计中，创造出既有东方古典美感又不失现代简约风格的家具。在时尚领域，传统漆器的图案和工艺也可应用于珠宝设计，发展成为具有中华文化特色的高端时尚产品。

（3）纹饰美

从古至今，漆器的制作技艺经历了长足的发展，其纹饰的种类和风格也日渐丰富。从商周时期的几何纹，到汉唐的云雷纹、莲花纹，再到宋元明清的各种花鸟纹、人物故事纹等，中国漆器的纹饰艺术凝聚了无数工匠的智慧和创意，成为研究古代文化和美学的重要资源。中国传统漆器的纹饰之美，在于其独特的视觉效果和深厚的文化寓意。漆器表面的纹饰多采用雕刻、镶嵌、画填等技法制作，纹样既有自然界的山水花鸟，也有吉祥寓意的龙凤、鱼水等传统图案，这些图案往往富有层次感和动感，给人以美的享受。纹饰的色彩运用也十分讲究，金、银、朱红、黑色等色彩的搭配，形成鲜明对比，增强了视觉冲击力。纹饰中蕴含的文化寓意更是中国传统漆器艺术的精髓所在。每一种图案、每一种色彩的运用都不是随意的，而是蕴含了古代人民的世界观、人生观和价值观。例如，莲花纹象征着清洁和高雅；龙凤纹象征着吉祥和权力；八宝纹、十全纹等则寓意着完美和富贵。这些纹饰不仅是视觉艺术的产物，更是文化传承的载体。

漆器纹饰的审美特征能够为设计者提供丰富的视觉元素。通过对传统纹饰进行现代解读，可以设计出既有传统韵味又符合现代审美的产品；漆器纹饰的文化寓意对于打造具有文化内涵的产品也具有重要意义。在全球化的背景下，富有民族特色和文化故事的创意产品更容易获得市场的认可，传统纹饰的设计原则和制作工艺对现代产品设计来说也是宝贵的参考。例如，古代漆器的制作注重材料与工艺的结合，追求纹饰与器形的和谐，这要求当代设计者在注重功能的同时，也要兼顾美感和工艺，有着重要的启示作用。

（4）功能美

漆器在功能上既满足了人们日常生活的基本需求，又在美学上展示出独特的艺术魅力，是功能美学的典型代表。在功能性方面，漆器以其独特的材质优势，满足了多种使用需求。漆，作为一种天然树脂，经过精细加工后具有防水、防腐、耐酸碱、耐热等特性，这使得漆器在保存食物、书写、储藏物品等日常生活中发挥着重要的作用。例如，漆碗、漆盘等能够长时间保存食物而不变质；书房中的漆器文房四宝则显得光滑细腻，耐用性强。在美学方面，漆器的造型、色彩、纹饰都蕴含了丰富的文化内涵与审美追求。其中，漆器的造型讲究曲线的流畅和形体的平衡，追求简洁而不失优雅，沉稳而不乏灵动。色彩上，以红、黑为主，时而点以金银，富丽堂皇中不失庄重，极富东方审美特色。纹饰设计则更是博大精深，常用龙凤、吉祥花卉、历史故事等元素，寓意吉祥、传承文化，反映了传统社会的价值观念和审美趣味。在文化创意产品开发中汲取中国传统漆器的功能美学精髓，不仅能够增强产品的市场竞争力，也能够促进传统文化的创新传播，为世界文化多样性的交流与发展做出贡献。

（5）形式美

首先，传统漆器在制作过程中，需要经过反复上漆、研磨、雕刻等多道工序，每一步都凝结了工匠的精心与耐心。通过多层漆涂覆和精细打磨，漆器表面光洁如镜，深邃光润，呈现出独特的视觉和触感效果，这种对材质极致的挖掘和利用，为文化创意产品提供了对质感追求的参考。

其次，漆器的造型设计通常基于实用性的同时，追求美观和谐。从古代的食器、器皿到文房用具，每一件漆器的造型都透露着对均衡、对称美学的追求。流畅的线条、合理的比例和准确的尺寸使得漆器在实用功能上更添一分雅致。在现代文化创意产品的开发过程中，造型设计亦需追求功能与美感的平衡，以满足现代消费者的实用需求和审美期待。

中国传统漆器的形式美学意义远不止于其外在的美观，更在于其所蕴含的深层文化和哲学思想。漆器的制作精神反映了中国传统文化中注重自然和谐、内在修养的价值观。在文化创意产品开发中，这种哲学思想的内涵可以灵活运用，提升产品的文化内涵和深度。

2. 传统漆器中可借鉴的设计美学元素

（1）色彩与图案

在设计现代文化创意产品的色彩时，为了突出其文化价值，往往会使用漆器的传统配色。在传统的漆器里，最基础的颜色便是红色和黑色，这两种颜色不仅能形成强烈的对比，还能让器物给人以沉稳内敛、大气庄重的感受。除此之外，在设计现代产品时应用漆器传统纹样或元素的情况也屡见不鲜，如在产品外包装、漆艺等文化创意产品中出现点纹、弦纹等传统几何纹样，云纹、花草树木等自然主题的纹样，以及各种神兽纹样。

（2）自然材料

事实证明，漆液除了具备防腐、耐热、耐碱、耐酸及不易掉色等特点，近几年通过深入研究漆器涂料的性能还发现了漆器的另外一项重要功能，即杀菌抗菌功能。它决定了漆器可以被应用在食品的外包装或是茶具、餐具等接触饮食的日用品中。所以，漆作为一种具备传统文化气息的天然可再生材料，不仅适用于漆制生活用品的生产，还能被当作一种文化创意产品来推广。

（3）造型设计

传统日用漆器主要包含家具、茶具、食器等，其中有一部分器物在百年前的包装和现代产品中存在着类似的设计理念。以双层九子漆奁为例，一部分现代食品、化妆品以及茶具等礼盒的包装与之非常类似，都是在一个容器内通过合理布局来存放物品。

3. 传统漆艺与文化创意产品的共通点

在传统漆器中，比较有代表性的是汉代漆器，它从实用角度出发并兼顾了当时的审美观念，实现了实用性与审美性的和谐统一，在人们的生活中发挥着至关重要的作用。汉代漆器保留了楚国优秀的制漆方式，并在此基础上持续创新与发展，使制漆业发展到了一个全新的高度。文化创意产品设计也需要保持这样的理念，兼顾实用性与审美性，现代文化创意产品的设计可以将传统漆器设计美学作为参考，设计出与现代审美相符的文化创意产品。

（1）实用性

汉代漆器种类繁多且应用范围十分广泛，涵盖了人们生活的各个方面。设计创作最初的目的在于满足人们的需求，实质上是回归造物的本质。在设计文化创意产品时，应该明确这种需求产生的原因，再结合相关社会文化，从而形成具备创新性、前瞻性的文化创意产品。在这个前提下，还可以从材料等方面入手进行创新，通过不同的质感来展现产品的艺术风格与文化内涵。

（2）审美性

汉代漆器作为传统漆器，不但功能多、用途广，而且制作精良、外形美观，如马王堆汉墓出土的彩绘鹤纹漆匜，它除了具备实用功能之外，在造型、纹饰及色彩方面的设计都让人赏心悦目。对文化创意产品而言，如果产品的审美性得到提升，那么其对消费者的吸引力及消费者的购买欲望也会随之提升。因此，在现代文化创意产品的设计中，一定要充分利用色彩、材质等装饰要素，使产品具备更强的审美性。

（三）楹联美学

楹联也称作"对联"，它是在民间广为流传的一种民俗文化形式。楹联包含上联和下联，人们一般会把上联和下联对称贴在某个空间、事物的两侧，有的时候因为视觉、具体场合需要，还会增加横批，这样就可以构成一种具有对称效果的整体艺术。从楹联的文学形式上来看，它的上联和下联声律平仄协调、字数一样、句读节奏相同、内容相关、词性结构十分相似。楹联中包含物体相生相反、两面性的矛盾观，这个观念主要出自中国传统哲学；从楹联内容的角度来看，不管是注重文人雅士的言志、抒情、怀人、叙事，还是注重民俗仪式意义，都蕴藏着人们崇尚美、善的价值取向；除此之外，楹联还是一种艺术的综合体，它不但把雕刻、文学、书法融为一体，而且着重提到了尺寸关系、色彩、质地等视觉词汇之间的搭配、组合。所以，楹联还是具备传统韵味的一种空间装饰品。楹联这种特殊的艺术形式，从内涵、表征等方面，体现了我国传统的审美思维共性，也就是人们对和谐美的向往。

现如今，随着文化创意产业的迅速发展，设计者正在努力从传统文化活动中找到新的设计亮点。文化创意产品的灵感来自文化，所以它也具备相应的文化附加值，这是它和其他种类设计产品最大的差别。在传统文化中，楹联是一种非常独特的艺术形式，它把艺术表现形式、文学内涵加入文化创意产品的设计开发过程中，这样不仅能给文化创意产品的独特风格、文化理念带来新的思维方式，还可以通过设计创造性地转变文化元素。文化元素经过转变，就能够以新的形式传播出去，这种新的形式和现代生活形态相符，同时还能促进楹联文化的发展、传承。

但是，不管是文化创意产品以楹联为设计创新点，还是楹联以文化创意产品为载体来进行创新，在设计前都要进一步了解楹联，然后再根据楹联的美学特征，结合合适、科学的手法展开创作，传播文化信息，内外兼修，这样该种类的文创产品才会具备文化灵魂。

1. 以文学审美为内涵

审美的精髓与诗意表达在楹联中得到了淋漓尽致的展现，不仅凸显了中华文明的精粹，也映射出对世间美好的追求。因其受众广泛，楹联在文化传播中也占据一席之地。在创意产业中，楹联的融合催生了强烈的视觉印象，催化了设计思维从抽象构想到具体实现的转变。此过程中，设计者将楹联的文学特质通过功能与审美巧妙结合，呈现在文化产品之中，其文学魅力就能得以显现。

楹联中的趣味性对于文化产品的功能和形态设计起到了转型作用。设计者通过创新技法，可以将传统文化转化为引人入胜的视觉符号，增强产品的互动性和感官享受。例如，拆解汉字结构并赋予新意，以此强化楹联的视觉与文化影响力，让产品设计既传承经典，又焕发新意。

2. 以书法审美为表征

随着文化创意产品对民族代表元素的深入研究，书法艺术被广泛运用到了广告、包装、书籍中。比如，在《长沙马王堆汉墓》这本书中，不仅书的封面具有丰富的文化内涵，篆字书法在书中的使用也非常多。这本书蕴含的典雅气质，不仅体现在其丰富的内涵上，还体现在书法家对其题名上。虽然楹联书法也被囊括在书法的范畴体系中，但它也具有独特之处。

首先，楹联书法最常用的是隶书、楷书等正书字体，但有的时候楹联书法也会用到草书、行书，在一些比较特殊的场合还会用到篆书、金文。用行草书写的楹联主要表现的是率性，这种楹联更适合体现作者的情感内容；楷体书写的楹联重点强调的是中正之风,这种楹联更适合用在比较正式的场合;用篆隶书写的楹联不仅带有一种庄重、质朴的形式感,还具有高雅古朴的意蕴。楹联因为有了各种书法风格的帮助,才使人们更加直观地体会到质朴、高雅、情趣、刚直的意境,楹联的内涵也更加表征化,因此书法风格的多样性是楹联艺术的一种魅力。

其次,从视觉传达层面来讲,图形和有规律的线条组合起来,会形成视觉上更强烈的冲击力,大脑就更容易接受相应的内容。而楹联内容的连续性和其对称形式的书法风格巧妙结合在一起,可以形成规律性造型结构,而这种结构容易引导视觉动线。

在技法方面,楹联书法还有以下四个特点:第一,用笔方面。粗笔比细笔使用的次数多、平笔比斜笔使用的次数多、点画间断笔比连笔使用的次数多;第二,结体方面。正体比斜体使用的次数多,正书偏于平画宽结,篆隶多于平画宽结;第三个,墨法方面。干、枯、浓、淡、涨等都是书法对联的墨色体现;第四,章法方面。强调上下对称,凸显行气。楹联书法的对称构图和墨法变化赋予其独特的视觉韵律,为现代设计提供了丰富灵感。以篆刻风格的楹联为例,其笔触转化为设计元素后,可铸就古典文化创意作品。书法中的借笔和减笔技巧,也为楹联艺术化处理和符号化重组提供了技术支持。结合图案,可创造出独树一帜的设计风格。当这些楹联出自著名书家之手,它们的价值不止局限于视觉和文学美学,更添上了深厚的人文底蕴。

3. 以装饰审美为媒介

文化创意产业包括设计、加工、销售等多个环节。在设计文化创意产品的过程中,物料和设计理念的磨合十分重要。因为文化需要借助合适的使用方式、材料载体,才可以把隐藏的内容传递出来,才可以引导人们在心理活动中把各种信息联系在一起。

楹联作为中国传统文化的瑰宝,不仅仅是书法艺术的展现,更是与特定环境相融合的文化实践。通过搭配竹、木等传统材质,并辅以精湛工艺如雕刻和装裱,不仅提升了空间的文化素养,还营造出独特的"书卷气"。特别是将地方特色材料与地域文化融入楹联,更能突显当地文化的独特性。例如,徽州的文房四宝与经商、教育主题楹联的结合,扬州的月、箫意象与当地风光融合的楹联,均彰显各自地域文化的身份标识。设计时将楹联的文化内涵与地方材质相结合,不仅能提升产品整体美感,还能传播并推广中国诗词文化的深厚底蕴。

二、文化创意产品开发设计中的生活美学

（一）中国传统文化中的古典生活美学

生活美学是一种关注日常生活中审美体验的哲学理念，其核心是在平凡的生活细节中寻求和创造美的可能性。这种美学观点认为，生活本身具有艺术化的潜能，是一种个人主动创造和体验美的过程。生活美学不仅仅关注艺术领域内的审美，更强调在个人的日常生活中实现审美价值的重要性。在生活美学的视角下，日常生活的各个方面都可以是审美的对象，从家居环境的布置到衣着打扮，从餐饮烹饪到旅行体验，每一处细节都蕴含着美的元素。生活美学的实践者通常会关注环境与个人感受的和谐统一，追求一种简约而不简单的生活方式，倡导用审美的眼光重新审视和构建日常生活的各个层面。

生活美学的实践并不局限于物质层面的美化，更涉及精神层面的满足。例如，在与他人的交往中，通过积极的社交互动和富有同情心的态度展现人际关系的美；在个人成长中，通过教育和自我反思实现心灵的美。在这个意义上，生活美学强调的是一种整体的生活态度，即通过对美的追求来提升个人的生活质量和精神追求。

生活美学和其他美学分支一样受到多个领域的影响，如艺术、设计、心理学、生态学等，因此其实践是跨学科的，它倡导一种全面的美学教育，通过提高个人的审美意识和能力，来提升生活的艺术性和美感。生活美学的目的在于实现生活的艺术性，使个人的日常生活变得更加丰富多彩，充满创意和个性。在全球化的今天，生活美学也呈现出多样化的趋势，不同文化背景下的生活美学有着不同的表现形式和实践方式。这种差异性反映了文化多元性在美学实践中的体现，也说明了生活美学是一种动态发展的理论，它随着时代的变迁和社会的发展而不断演变。

中国古典美学是一个宏大而深邃的领域，它植根于中国悠久的历史和深厚的文化传统之中。在众多美学理念中，"中和之美""自然之美"和"素淡之美"不仅在文学艺术创作中占据着重要地位，而且与中国传统生活美学有着紧密的联系。在中国传统文化中，生活不仅是物质的存在，更是精神和审美的体现。中和之美强调的生活态度在于平衡与和谐，这体现在传统礼仪、社交互动乃至建筑布局中。自然之美倡导的顺应自然和尊重自然的生活哲学，其不仅影响了园林设计、居室布置等方面，也体现在人们对健康、饮食和节气的关注上。素淡之美则是对生活品质的追求，它鼓励人们在日常生活中保持心态和物质环境的简单与纯净，这种

理念不仅体现在中国的茶文化、饮食文化中，也是中国绘画、诗歌等艺术形式追求的美学目标。

中国传统文化在生活美学中表现出一种和谐与平衡的追求，如儒家文化倡导中庸之道，强调人与自然、人与社会、人与人之间的和谐相处，这种文化理念体现在生活美学上，就是对于居住环境的布局、对于衣着饮食的讲究、对于日常仪态的规范等方面的追求。在传统的宅院建筑中，院子的布局往往讲究天人合一，体现了自然美和建筑美的结合。在衣食住行每一个细节中，都能发现追求和谐之美的痕迹。其次，道家的自然观念和佛教的内观自省，也都对中国的生活美学产生了不可忽视的影响。道家文化中的无为而治、顺应自然的思想，促使人们在生活中倡导简约自然之美。佛教文化所提倡的内心世界的探索和清净心态，则在生活美学中体现为追求精神层面的安宁和清雅。因此，在中国传统的园林艺术、居室陈设中，常常能够感受到一种超脱物质、返璞归真的美学趋向。

在当代社会，"审美生活化"已成为一种文化发展的趋势，这不仅仅是指将审美带入日常生活，更关乎生活方式、消费理念和文化传承的变革。中国古典生活美学，作为中华民族悠久文化的重要组成部分，对于文化创意产品的开发具有深远的借鉴意义。如古人注重"天人合一"的思想，主张人与自然应和谐相处，这种思想在今天的产品设计中仍显得十分现实与必要。在开发文化创意产品时，融入这种思想可以促进产品设计的环保性和可持续性，如使用可降解材料、倡导节能减排等，这不仅响应了全球环境保护的号召，也满足了现代消费者对绿色生活的追求。

古典生活美学中所蕴含的简约美学对创意产品设计同样具有重要启示。在古代文人的生活中，"少而精"是一种常见的美学追求，这种通过减法来达到审美效果的方法，在当下过度消费的社会背景下显得尤为珍贵。简约而不简单的产品设计不仅能够突出产品的功能性和使用便利性，还能够提供一种精神上的享受，满足现代人对精神生活的需求。

中国古典生活美学中的意境美学，可为文化创意产品的情感表达提供丰富的资源。在古典文化中，意境被赋予了高度的重要性，艺术作品往往通过暗示和寓意来传达深层次的情感和哲理。在文化创意产品的设计中，运用这一美学原则，可以使产品超越其物质形态，成为承载文化内涵和情感价值的媒介，让消费者在使用过程中体验到更深层的文化共鸣。

中国古典生活美学在形式上的对称性和均衡性，对现代设计提出了一种和谐统一的美学原则。在产品设计中，对称和均衡不仅是形式上的审美要求，也是功能性和稳定性的体现。将这一原则融入设计，可以使产品在视觉上更加悦目，在使用上更加舒适和便捷。中国古典生活美学的材质美学，即对材料本身美感的重视，也为文化创意产品提供了丰富的灵感。古人在选择和使用材料时，注重其自然属性和审美价值，如玉石的温润、竹木的清雅等。在现代产品开发中，合理利用材料的天然纹理和色泽，可以增强产品的美感和艺术价值。

日常生活中的审美和中国传统的古典美学紧密相关。在中国古代民间，就有很多用生活用品制作成现代艺术品的例子。例如，用生活用品制作形成的工艺品，充满了民间艺术质朴的生活美学观及文人雅士的高雅品位。这些现代艺术品通过器物的形式，将古代劳动者的生活审美情趣、精湛技艺完美地展现了出来。比如，玉器、石器、青铜器、陶器、刺绣、丝绸、竹器、藤器、瓷器、漆器、金器、木器、铁器等等，日用品的工艺制作和民间美学的巧妙结合，充分展现着民俗习惯的延续性与传统文化的内涵。而且百姓日常用品里也充满了文化之道，这强化和壮大了传统审美品位的根基。

（二）生活美学在文化创意产品开发设计中的作用

其实，现代设计指的就是在解决人和物生存关系问题的基础上，使用最方便的生产方式、最先进的科学技术，最大限度地实现人们在心理、生理方面的需求。科学技术可以满足人们的设计发展功能需要，至于怎样让产品满足人们生理与心理方面的需要，还是一个有待解决的问题。

通过对文化创意产业的美学分析发现，文化不仅是大家对生活的最好总结，它还是对社会发展历程的感叹、理解。现如今，文化创意产品还是对生活细节的描写。我们应从美学的方向，深入研究、探讨文化创意产业的发展趋势。不过，文化创意产业不同于其他产业，文化创意产品不仅可以引领社会的市场发展方向，还有非常强的时效性。因此，要从根本审美入手，才能把准文化创意产业的脉络。

参考文献

[1] 程传超、周卫:《图书馆文化创意产品开发研究》,吉林人民出版社 2020 年版。

[2] 万祖兵:《基于体验经济的文化创意产品设计与应用研究》,吉林人民出版社 2021 年版。

[3] 陈凌云:《博物馆文化创意产品开发研究》,上海社会科学院出版社 2019 年版。

[4] 刘飞龙:《现代文化创意产品设计与开发研究》,吉林人民出版社 2022 年版。

[5] 徐鸣:《文化创意产品设计方法探析》,云南美术出版社 2022 年版。

[6] 吴籐:《文化创意产品设计与创意产业发展研究》,北京工业大学出版社 2021 年版。

[7] 王鹏:《现代文化创意产品设计研究》,延边大学出版社 2022 年版。

[8] 王民:《文化创意产品与市场开发》,荣宝斋出版社 2020 年版。

[9] 刘晓东、徐琪:《文化创意产品价值共创》,人民出版社 2018 年版。

[10] 熊青珍、敖景辉:《文化创意产品设计》,湖南师范大学出版社 2021 年版。

[11] 皮永生、童沁、周正芳媛:《文化创意产品解读与欣赏》,西南师范大学出版社 2014 年版。

[12] 孙楠:《文化软实力视阈下的创意产品》,东北师范大学出版社 2018 年版。

[13] 高晋:《多元文化语境下产品设计的创意表达》,北京工业大学出版社 2018 年版。

[14] 朱旭:《创意产品设计与文化消费》,新华出版社 2020 年版。

[15] 白远:《文化创意产业发展比较研究:理论与产品的国际贸易》,中国金融出版社 2009 年版。

[16] 孟宪喆:《新媒体背景下文化创意产品的设计与传播》,北京工业大学出版社 2021 年版。

[17] SMART 度假产业专家委员会、博鳌文创院:《共振共生:当文创介入生活》,新华出版社 2021 年版。

[18] 刘林:《基于用户体验的文创产品设计》,吉林大学出版社 2023 年版。

[19] 王俊涛:《文创开发与设计》,中国轻工业出版社 2019 年版。

[20] 陈凌:《文创品牌策划与推广》,北京工业大学出版社 2019 年版。

[21] 郝红颖:《文创企业合规经营必修课》,中国民主法制出版社 2023 年版。

[22] 陈博:《文创设计与产品化》,南开大学出版社 2021 年版。

[23] 刘玉娟、文珠蓉:《文创品牌形象设计与表现》,吉林人民出版社 2021 年版。

[24] 卢菲、王晨、曹海艳:《文创产品设计开发》,中国纺织出版社 2023 年版。

[25] 陈红兵:《寻找文创执行力》,中国科学技术出版社 2023 年版。

[26] 周文军:《文创的本质》,中国商业出版社 2020 年版。

[27] 胡钰:《文创理论与中华文化创造力》,人民出版社 2022.08.

[28] 薛可、余雪尔:《文化创意伦理与法规》,复旦大学出版社 2022 年版。

[29] 陈培瑶、吴余青:《文化创意产品设计研究的现状分析》,《湖南包装》2017 年第 1 期。

[30] 朱晓青:《文化创意产业的特点和发展条件探讨》,《新视野》2006 年第 3 期。

[31] 王毅、林巍:《英国国家博物馆和国家图书馆文化创意产品开发现状及启示》,《国家图书馆学刊》2019 年第 2 期。

[32] 陈曾:《从故宫文创谈我国文创产业的创新之路》,《设计》2017 年第 19 期。

[33] 陈泽恺:《"带得走的文化"——文创产品的定义分类与"3C 共鸣原理"》,《现代交际》2017 年第 2 期。

[34] 莫晓霞:《图书馆文化创意产品开发探讨》,《图书馆建设》2016 年第 10 期。

[35] 张飞燕:《"互联网+"背景下的博物馆文创产品发展》,《遗产与保护研究》2016 年第 2 期。

[36] 王伟伟、胡宇坤、金心等:《传统文化设计元素提取模型研究与应用》,《包装工程》2014 年第 6 期。

[37] 许陈生、程娟:《文化距离与中国文化创意产品出口》,《国际经贸探索》2013 年第 11 期。

[38] 张迺英:《文化创意产品价值的实现路径分析》,《社会科学》2012 年第 11 期。

[39] 郝鑫:《浅析文化创意产品的内涵和外延》,《现代交际》2012 年第 07 期。

[40] 章义平:《关于博物馆文化衍生产品开发的认识与思考》,《东南文化》2011 年第 5 期。

[41] 陈墨,余隋怀,王伟伟:《文化创意产品的设计方法与路径》,《包装工程》2019 年第 24 期。

[42] 向勇:《故宫文创:传承优秀传统文化的先锋实验》,《人民论坛》2019 年第 9 期。

[43] 于秋阳、冯学钢:《文化创意助推新时代乡村旅游转型升级之路》,《旅游学刊》2018年第7期。

[44] 葛佳琪、于炜、王婷:《故宫文创产品设计解析及借鉴意义研究》,《设计》2018年第5期。

[45] 袁红军:《"互联网+"背景下图书馆文化创意产品营销策略研究》,《图书馆工作与研究》2018年第1期。

[46] 张雅琪、柯平:《美国图书馆文化创意产品发展现状及启示》,《图书情报工作》2017年第22期。

[47] 王毅、柯平:《美国公共图书馆文化创意产品开发实践研究》,《图书馆建设》2017年第9期。

[48] 杨玲、李洋、陆冀宁:《面向地域文化的系列化产品创意设计》,《包装工程》2015年第22期。

[49] 王贞:《档案文化创意产品的开发》,《中国档案》2015年第1期。

[50] 王洪涛:《文化差异是影响中国创意产品出口的阻碍因素吗——基于中国创意产品出口35个国家和地区的面板数据检验》,《国际经贸探索》2014年第10期。

[51] 肖优、王洪亮:《地方文化元素在旅游文创产品设计中的应用研究》,《包装工程》2020年第20期。

[52] 黄晶:《井冈山红色文化创意产品设计》,《包装工程》2018年第18期。

[53] 朱鹏:《高校文创产品创新与发展路径研究》,《南京艺术学院学报(美术与设计)》2018年第4期。

[54] 王颖:《博物馆文化创意产品的品牌形象设计》,《设计》2018年第14期。

[55] 孙亚云、王凡:《营销沟通视角下博物馆文化创意产品设计及推广研究——以故宫博物院为例》,《文化艺术研究》2018年第2期。

[56] 宋香蕾、泂异:《档案馆文化创意产品开发的缺位与对策》,《档案学通讯》2017年第3期。

[57] 伍琴、吕健、潘伟杰等:《基于案例的文化创意产品设计方法研究》,《工程设计学报》2017年第2期。

[58] 唐笑非:《色彩在文化创意产品设计中的作用及情感表达》,《包装工程》2017年第4期。

[59] 卢梦梦:《博物馆创意型文化产品的开发研究》,南京艺术学院2012年硕士学位论文。

[60] 徐卓:《湖北省博物馆文化产品创意设计开发研究》,湖北工业大学 2014 年硕士学位论文。

[61] 陈凌云:《博物馆文化创意产品开发研究》,上海大学 2018 年博士学位论文。

[62] 杨慧子:《非物质文化遗产与文化创意产品设计》,中国艺术研究院 2017 年博士学位论文。

[63] 高悦:《扬州非遗文化在文创产品设计中的应用研究》,华东理工大学 2016 年硕士学位论文。

[64] 杨湖月:《基于地域文化的特色旅游文创产品设计研究》,湖北工业大学 2016 年硕士学位论文。

[65] 阴鑫:《中国博物馆文化创意产品开发研究》,河南大学 2016 年硕士学位论文。

[66] 江天若:《博物馆文创产品开发研究》,陕西科技大学 2016 年硕士学位论文。

[67] 卢维佳:《文创产品的设计元素获取与创新》,湖南大学 2015 年硕士学位论文。

[68] 张尧:《基于博物馆资源的文化创意产品开发设计研究》,苏州大学 2015 年硕士学位论文。

[69] 周雅琦:《北京民俗文化在文创产品设计中的应用研究》,北京理工大学 2015 年硕士学位论文。

[70] 韩顺法:《文化创意产业对国民经济发展的影响及实证研究》,南京航空航天大学 2010 年博士学位论文。

[71] 邬沅芳:《基于敦煌壁画的文化创意产品开发研究》,兰州大学 2019 年硕士学位论文。

[72] 国祺:《符号学视阈下的沈阳故宫文化创意产品设计研究》,沈阳航空航天大学 2017 年硕士学位论文。

[73] 张茜:《基于文化创意的地域性旅游产品品牌形象设计研究》,天津理工大学 2017 年硕士学位论文。

[74] 罗娟:《高校校园文化创意产品设计开发与研究》,苏州大学 2016 年硕士学位论文。

[75] 高静静:《高校校园文化创意产品的情感化设计研究》,大连工业大学 2016 年硕士学位论文。

[76] 周珺:《南京博物院文化创意产品的设计与研究》,东南大学 2016 年硕士学位论文。

[77] 周琳琅:《基于情境整合的文化创意产品设计研究》,湖南大学 2016 年硕士学位论文。

[78] 许彬欣:《台湾文化创意产品发展思辨》,北京理工大学 2015 年硕士学位论文。

[79] 张月:《中国传统手工艺在文化创意产品设计中的创新性研究》,北京建筑大学 2017 年硕士学位论文。

[80] 云菲:《博物馆纪念品离创意有多远》,《中国艺术报》2007 年 12 月 04 日第 3 版。

[81] 李博雅:《陕西历史博物馆文化创意产品研发探索》,《中国文物报》2017 年 7 月 4 日第 7 版。

[82] 徐补生:《着力推动文化创意产品开发》,《山西日报》2021 年 9 月 15 日第 6 版。

[83] 舒静、施雨岑、韩佳诺:《博物馆文创产品频频"出圈"的背后》,《新华每日电讯》2022 年 8 月 24 日第 5 版。

[84] 乔欣:《文化产品开发——博物馆的创意经济》,《中国文化报》2010 年 3 月 24 日第 6 版。

[85] Jong Boonpracha,"Creative cultural product design in the bicultural context",*Creativity Studies Vol.14*,2021.

[86] Yan Huang,"Packaging design of cultural-creative products on consumers'OCD based on cognitive psychology",*CNS Spectrums Vol.28*,2023.

[87] Liping Qiu,"Design of Cultural and Creative Products of Marine Cultural Tourism",*Journal of Coastal Research Vol.36*,2020.

[88] Wu Yinglu,"Design of Tourism Cultural and Creative Products Based on Regional Historical and Cultural Elements",*E3S Web of Conferences Vol.251*,2021.

[89] 中华人民共和国中央人民政府:《关于印发〈关于进一步推动文化文物单位文化创意产品开发的若干措施〉的通知》(https://www.gov.cn/zhengce/zhengceku/2021-08/31/content_5634552.htm)。

[90] 人民网:《以优质文化产品增强文化认同(创造性转化创新性发展纵横谈)》(http://culture.people.com.cn/n1/2020/0724/c1013-31795767.html)。